東急の路線

▲東横線の多摩川鉄橋を望む

世田谷線宮の坂～山下

東京急行電鉄路線図

駅 複々線 複線 単線 トンネル
軌間1435㎜
JR線
私鉄路線
その他軌道
新幹線
高速・有料道路
国道
東京都
神奈川県
渋谷
代官山
中目黒
祐天寺
学芸大学
都立大学
自由が丘
田園調布
多摩川
新丸子
武蔵小杉
元住吉
日吉
綱島
大倉山
菊名
妙蓮寺
白楽
東白楽
反町
横浜
東横線
目黒
不動前
武蔵小山
西小山
洗足
大岡山
奥沢
目黒線
五反田
大崎広小路
戸越銀座
荏原中延
旗の台
長原
洗足池
石川台
雪が谷大塚
御嶽山
久が原
千鳥町
池上
蓮沼
蒲田
池上線
大井町
下神明
戸越公園
中延
荏原町
北千束
緑が丘
九品仏
尾山台
等々力
上野毛
大井町線
沼部
鵜の木
下丸子
武蔵新田
矢口渡
東急多摩川線
三軒茶屋
西太子堂
若林
松陰神社前
世田谷
上町
宮の坂
山下
松原
下高井戸
世田谷線
池尻大橋
駒沢大学
桜新町
用賀
二子玉川
二子新地
高津
溝の口
梶が谷
宮崎台
宮前平
鷺沼
たまプラーザ
あざみ野
江田
市が尾
藤が丘
青葉台
田奈
長津田
つくし野
すずかけ台
南町田
つきみ野
中央林間
田園都市線
恵比寿
品川
新橋
大崎
明大前
下北沢
豪徳寺
京王井の頭線
小田急小田原線
京王線
南武線
武蔵野線(貨)
横浜線
東海道新幹線
京急本線
京急空港線
京急大師線
京急蒲田
京急川崎
川崎
八丁畷
鶴見
鶴見線
東神奈川
新横浜
保土ケ谷
東戸塚
二俣川
相鉄本線
相鉄いずみ野線
横浜市営地下鉄グリーンライン
横浜市営地下鉄ブルーライン
横浜高速鉄道こどもの国線
こどもの国
横浜高速鉄道みなとみらい線
元町・中華街
根岸
町田
相模大野
小田急江ノ島線
小田急多摩線
新百合ケ丘
大和
中山
調布
京王相模原線
稲田堤
京王稲田堤
登戸
武蔵溝ノ口
武蔵小杉
東京モノレール
ゆりかもめ
りんかい線
東京メトロ半蔵門線
東京メトロ副都心線
山手線
中央本線
三鷹市
調布市
狛江市
稲城市
町田市
相模原市
大和市
座間市
川崎市
横浜市
横浜港
5km

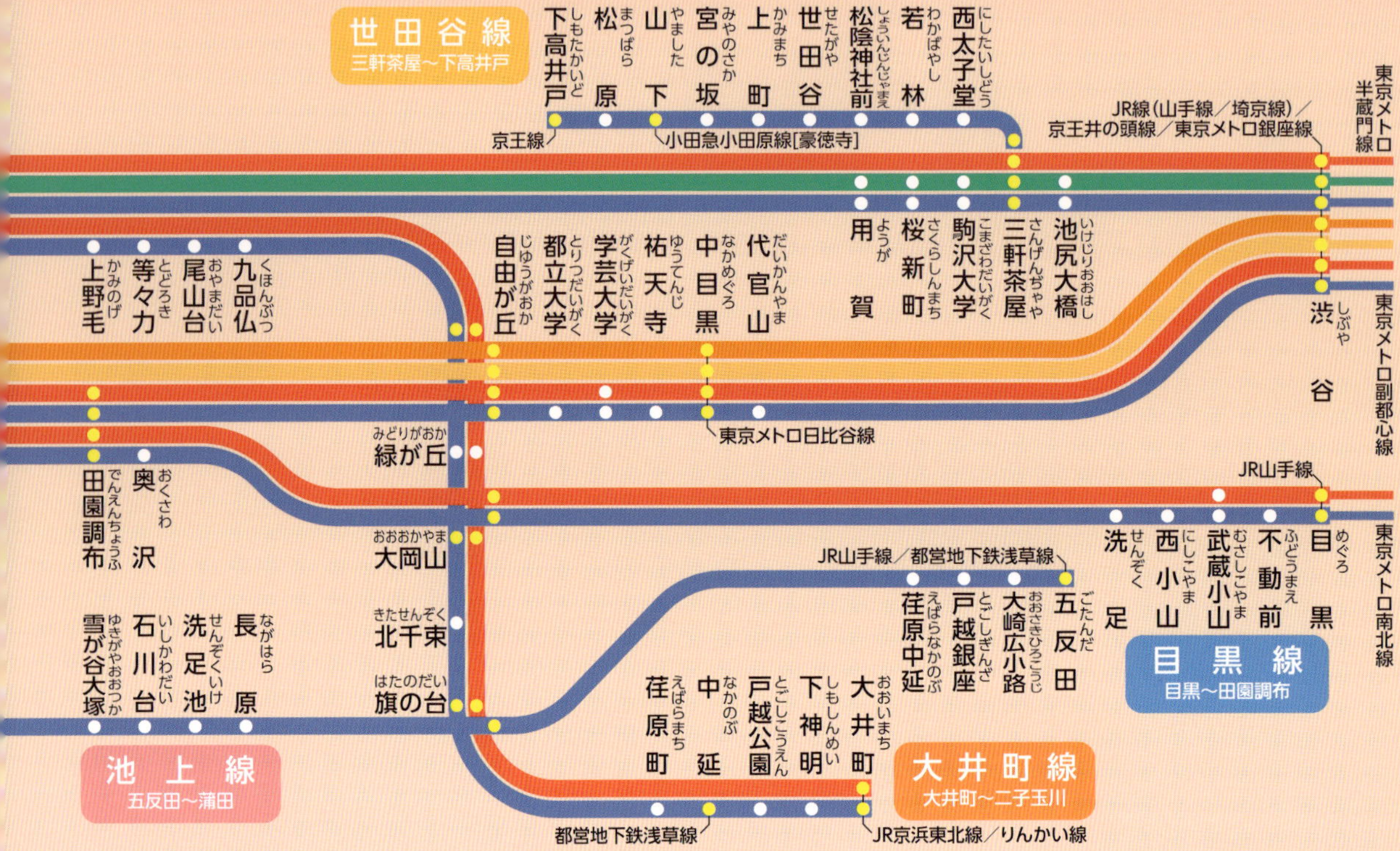

▲多摩川線沼部付近を走る7700系と7000系。

▲並木道が高級住宅地を演出している田園調布。

▲自由が丘駅近く、大井町線の踏切。

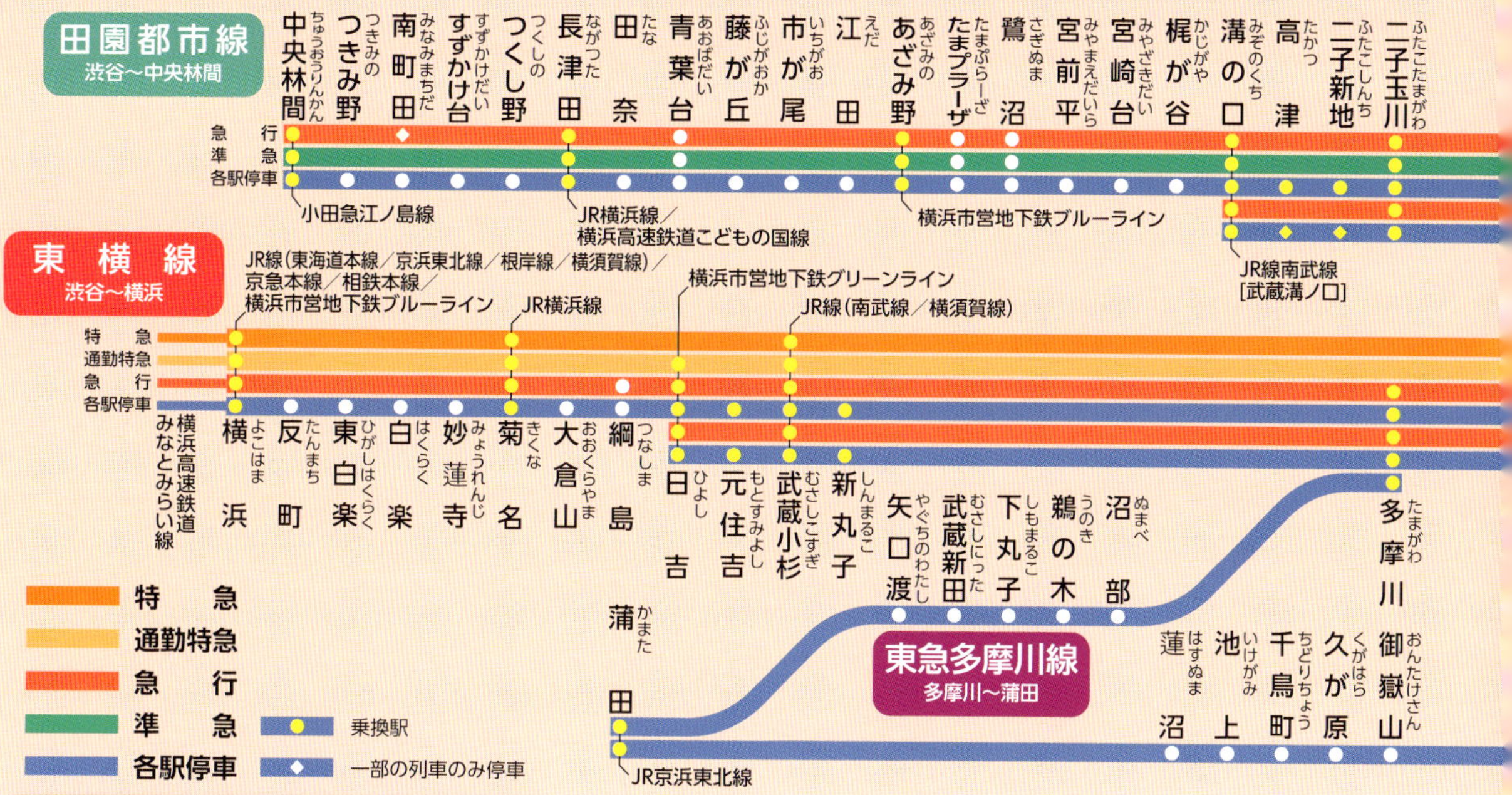

列車種別と停車駅

▲大岡山にある日本初の駅上病院、東急病院。

▲駅名にもなっている祐天寺の仁王門。

◀二子玉川〜溝の口間の複々線区間。

▲世田谷線沿線にある目青不動。

東京城南地区に広がる「東急平野」

東京急行電鉄（以下、東急という）の路線長は104・9キロであり鉄道線99・9キロ、軌道線5・0キロで構成されている。

その内訳を記すと次のとおりである。

東横線（渋谷～横浜）24・2キロ

目黒線（目黒～日吉）11・9キロ

田園都市線（渋谷～中央林間）31・5キロ

大井町線（大井町～溝の口）12・4キロ

池上線（五反田～蒲田）10・9キロ

東急多摩川線（多摩川～蒲田）5・6キロ

こどもの国線（長津田～こどもの国）3・4キロ

世田谷線（三軒茶屋～下高井戸）5・0キロ

以上であるが実際には路線同士が並行する区間（田園調布～日吉。東横線と目黒線）、（二子玉川～溝の口。大井町線と田園都市線）がある。営業キロ数は各路線別にカウントしているので104・9キロを路線長として記す。

軌間は鉄道線が1067ミリ、軌道線が1372ミリ。架線電圧は鉄道線

世田谷線

▲300系。低床車両を導入するとともにホームを嵩上げし、乗降時の段差は解消された。山下電停のホームでは嵩上げされた痕跡がわかる。

目黒線

▲地下化された武蔵小山駅。目黒線は一部区間を除き高架または地下化され、周辺の街の姿も変わっていく。

東横線

▶東横線多摩川鉄橋を渡る5080系。

が直流1500V、軌道線が直流600V。

東急の路線は短距離路線の集合体であり、いちばん長い田園都市線でも、その路線長は31・5キロにすぎない。

地図上で見れば東京都城南地域と神奈川県東部地域が勢圏であることがわかる。

東急の特徴は他社の路線形態が、ほぼ「線」状に広がっていることに対して東急のそれは「面」状に広がっており、このことは東京メトロの路線形態に近いといえよう。

密度の濃い路線であり、このことから都内城南エリアは「東急平野」ともいわれる。

大通勤圏を抱える沿線

東急の輸送密度は1日約28万人に達し、民鉄トップの輸送密度であり東京メトロの約26万人を上まわる。

全線にわたって効率が高い輸送であることを示す数字である。

他社との相互直通運行が多いのも東急の特徴のひとつで、東横線が横浜高速鉄道みなとみらい線、東京メトロ副都心線、東武東上線、西武池袋線、西武有楽町線。田園都市線が東京メトロ

▲池上本門寺の参拝客の輸送目的のために造られた伝統ある路線。五反田～大崎広小路間。

▲田園都市線を走る東京メトロ08系。

▲東横線を走る5050系と東京メトロ9000系。

▲田園都市線を走る東武50050系。

▲東横線を走る埼玉高速鉄道2000系。

半蔵門線、東武伊勢崎線（通称東武スカイツリーライン）、東武日光線。目黒線が東京メトロ南北線、都営地下鉄三田線、埼玉高速鉄道と、それぞれ相互直通運行をおこなっている。

自社線内完結型運行は、池上線、東急多摩川線、大井町線、こどもの国線と軌道線の世田谷線である。

東急の各線は典型的な大都市通勤通学路線であり、まったくと言ってよいほど観光路線的要素を有しない。この点においても東京メトロと近似している。

沿線は都市として成熟しており、田園都市線沿線についてもいえることだ。

安定した輸送需要に支えられている路線で構成されており、そこに東急の有利性があるといえよう。

田園調布の系譜

▲1941年に撮影された田園調布の航空写真（国土地理院蔵）を見ると、駅を中心に道がきれいに放射線状に広がっており、周辺には田畑も目立つ。

東急のはじまりは、ここにある

高級住宅地の代名詞のようになったこの街の系譜を記してみたい。

田園調布（多摩川住宅地）は、1923年8月に田園都市株式会社が分譲をはじめた郊外住宅地であり、同社はその前年7月に洗足での住宅分譲を手がけている。

会社設立は1918年9月、渋沢英一を中心におこなわれ資本金50万円で、社長には中野武営《なかのたけなか》を据えた。この計画を渋沢栄一のところへ持ち込んだ人物が畑彌右衛門《はたやえもん》であり、渋沢栄一を後盾にして現在の大岡山、洗足地域で土地の買収に着手したが、さらに調布地域へ事業を広げた。

しかし住宅地の足がなくてはどうにもならない。同社では鉄道敷設を計画し、1918年1月すでに荏原電気鉄道を設立している。

これを田園都市が合併のうえ、1922年9月に鉄道部門を目黒蒲田電鉄として分離した。その実務経営者として迎えたのが武蔵電気鉄道常務の五島慶太である。彼を田園都市株式会社筆頭株主である第一生命の矢野恒太《やのつねた》に紹介したのが阪急の小林一三であった。

五島は目黒蒲田電鉄専務として着任するが、この時に5万円を出資しているので経営者として参画したことになる。

五島は目黒～蒲田に鉄道を敷設するが、武蔵電気鉄道を東京横浜電鉄へ改称し、現在の東横線を開通させ、目黒蒲田電鉄に東京横浜電鉄を合併、商号を東京横浜電鉄とした。

田園都市株式会社は分譲地を完売したことで、その目的を達した。そこで前記の目黒蒲田電鉄がこれを吸収して、田園都市部とした。田園調布はじめ洗足、大岡山などの分譲地が完売できたのは、そこに足として鉄道が走ったからであり、目黒蒲田電鉄に負うところが極めて大きい。つまり田園都市株式会社が事業を成功させることができた、その原動力が目黒蒲田電鉄であり、それを経営した五島慶太にある。

今日、田園調布があるのは目黒蒲田電鉄の開業なくして、あり得なかった。目黒蒲田電鉄は言うまでもなく今の東急電鉄であり、その意味からも田園調布を創ったのは東急と言ってよい。

五島慶太を得たことで田園都市株式会社は、その事業目的を完遂なし得たのである。

筆者である私は、この田園調布で生まれ育った。当地には田園調布会というものがあり、私が暮らしていた頃は渋沢栄一の子息である渋沢秀雄が田園調布会の会長をしていたので何度も直接話を聞いている。彼は田園都市株式会社の役員を務め、田園調布のグランドデザインを手がけたといっていた。

この街の特徴は、田園調布駅を扇の要として多摩川台地の外周部に沿う形で半環状道路をいくつか巡らせている点にある。

この構造をエトワールデザインというそうだ。渋沢秀雄の言によると、このスタイルのヒントを得たのはアメリカのサンフランシスコ郊外を視察した折りの話である。

その郊外がサンフランシスコのどこなのか、その詳細については残念ながら聞いていない。私もアメリカ暮らしをしているが、サンフランシスコはよく知らない。

田園都市論を提唱して実施した人物は英国のエベネザー・ハワードであり、レッチワースの街が知られている。私も何度か目にした街だが田園調布のモデルタウンとは思えない。田園調布は基本的に住宅地であり、都心のベッドタウンである。

レッチワースの街は、その街の中で職住が完結している点で田園調布と異なっている。

エベネザー・ハワードが言うところのガーデンシティー（田園都市）とはレッチワースのような街を意味しているので、田園調布のモデルは実は別のところにあったのではないのだろうか。

しかし、田園調布レッチワース論は定説化している。

思うにエベネザー・ハワードの田園都市論をベースにしつつ、それを日本型の都市構造に意訳したのではないだろうか。

街のデザイン、すなわち田園調布のエトワールスタイルは、レッチワースではなく、むしろパリを思い出すが、あるいは渋沢が言ったサンフランシスコにヒントがあるのかもしれない。

東急彩景

Summer
夏

世田谷線宮の坂～山下に咲くアジサイ

東急の沿線風景

▲九品仏駅名の由来となった九品仏浄真寺。浄土宗の寺院で3年に1度行われる仏教行事「二十五菩薩来迎会」、通称お面かぶりが有名だ。

東急の本拠地・渋谷

東急は多くの路線で構成されているため、各線ごとに、それぞれ異なる沿線風景が広がりバラエティーに富むが、その扇の要として渋谷があると言ってよいだろう。

渋谷は東急の2大幹線ともいうべき東横線と田園都市線の起点であるとともに東急の本拠地でもある。

この渋谷という街の特徴は先ずその地形にあり、四方を台地が囲むため坂が多く存在する。道玄坂、宮益坂、金王坂等々どこへゆくにもアップダウンがあり、そうした地形が渋谷という街に、ある種の風情をあたえているように思う。平坦地である新宿や池袋と異なる点だ。都内にある主要ターミナル駅で渋谷ほど起伏に富んだ場所は他に思いあたらない。よく耳にする話として地方から上京した人が渋谷で地下鉄銀座線に乗ろうとして、さんざん駅を捜したという話がある。この逸話はひと昔前のものなので、まだ地下鉄半蔵門線、副都心線がない頃であり地下鉄といえば銀座線に限られていた。

その地下鉄の渋谷駅が渋谷でいちばん高い所、地上3階にあるとは夢にも

▲渋谷駅の待ち合わせ場所としてハチ公と並んでランドマークとなっているのが東急旧5000系。人ごみの中でも緑色の車体が存在感を放つ。

▲渋谷駅西口には主に東急バスや京王バスが発着するバスターミナルがある。

▶地上3階を走る東京メトロ銀座線の下を交差するJR山手線。地下鉄が上を走るという光景は渋谷駅ならでは。現在、東急百貨店の建てかえ工事真っただ中、完成は2027年を予定している。

思わなかったという笑い話として語られてきたが、実際によくあった事で、私も知人から体験談として聞いている。

　現在、再開発中だが渋谷駅の構造は確かに巨大な迷路のようで慣れていないと方向感覚をなくしそうだ。

　私は生まれも育ちも東急東横線沿線なので渋谷駅で迷ったことは一度もないが、とにかく渋谷駅は何がなんだか、よくわからないという人は少なくない。

　ちなみに有名な渋谷駅ハチ公前のスクランブル交差点を、人とぶつからずスムーズに渡れるか否かで都会人か、そうでないかがわかるらしい。地方出身者だと、あの人の群れが押し寄せてくるプレッシャーに圧倒されるそうだ。

　渋谷がなぜ若者文化の中心地と化したのか、そのことについては後章でも触れているが、今の渋谷の歴史をふりかえると、現在の公園通りあたりが起源に思える。公園通りとよばれるようになるのは昭和40年代後半からであり、それ以前は区役所通りとよばれていた。そこは渋谷駅から渋谷区役所やNHK放送センターへ通じる退屈な坂道にすぎなかった。

　その坂道の入口手前、ちょうど井の頭通りをはさむ形で1968年に西武百貨店渋谷店が開業。以降、当時の西

▶東急文化会館跡地にそびえる渋谷ヒカリエは、今や渋谷のランドマークだ。ミュージカルシアター「Orb」や、東急百貨店が手掛ける「ShinQ's」はじめ、新しい時代の扉を開いた高感度タワービルである。

武流通グループ(後のセゾングループ)が坂道一帯を開発して、パルコやロフトを次々に出店し、通りの名称を公園通りにしてしまったという経緯がある。この頃から渋谷に多くのティーンエイジャーが出現するようになり、とくに公園通りから渋谷センター街にかけての一帯が俗に「シブヤ系」といわれる若者たちのテリトリーになる。しかし、なぜ渋谷の街が急速に変化したのか、それはいわゆる「パルコ文化」だけが起爆剤だったとは思えない。パルコの本拠地は池袋であり、また地方都市へも出店している。渋谷が好まれた理由は坂の街だからだと私は推測する。街に坂が多いとシニア層には嫌われるが、そうではない年代からみると起伏の変化が心を高揚させ、なにか坂の向うに、あるいは坂の途中に未知の何か、それは人との出会いかもしれないし、新しい発見かもしれないが、そうした「何か」が待っているような錯覚を誘発させる力を坂道は秘めている。そうした地形も大いに手伝って渋谷、公園通り周辺に人が集まるようになったのではないか。

このエリアに目をつけた事で、パルコ文化は本拠地の池袋ではなく渋谷で開花したというのが私の自論である。

◀丸井渋谷店から代々木公園へと至る公園通り。「パルコ」開店にともない命名。代々木公園へ通じていることと、「パルコ」がイタリア語で公園を意味することからこの名がついた。

▲渋谷駅から青山通りへと至る宮益坂。かつては富士見坂と言われていたが、今はビルしか見えない。

◀渋谷センター街は渋谷駅ハチ公口から、井の頭通りと文化村通りの間にある商店街で、飲食店や雑貨店が密集、中高校生を中心ににぎわう。

だがパルコ文化に派生したとみられる、シブヤ系ストリート文化は渋谷にとって大きなマイナス要素をもたらした。大人に嫌われる街になってしまった。

ひとつには治安の悪さ、騒々しさなどが原因となり、以前の渋谷ではなくなってしまった。これをなんとかしようと渋谷センター街のオーナーたちを中心に、街の浄化作戦に奮闘している。現状では、渋谷の街は二極分化しているようだ。

ひとつは前記した「シブヤ系」ストリート文化、もう一方で東急グループが展開する「大人」文化がそれであり、渋谷ヒカリエにその思いが込められている。

渋谷はそのヒンターランド（後背地）の性格からみて、本来は山の手文化の集積地であり、猥雑さが似合わない街である。

再開発完成の頃の渋谷は、本来の姿を取りもどすことを期待する。

住宅地に点在する見どころ

東急沿線に名所、古刹はそう多くないが、そのいくつかをピックアップしてみよう。

▲三軒茶屋～下高井戸を結ぶ世田谷線。都営荒川線とともに東京都内で残る貴重な軌道線だが、大半は専用軌道だ。環状七号線の若林踏切では車が電車を待たせている。

▲吉田松陰を祀った松陰神社。安政の大獄で処刑され回向院に埋葬されていた松陰を、当時長州藩主の別邸があったこの地に改葬。門下生によって神社が創建された。

▲20カ村の代官を世襲した大場家の役宅で世田谷代官屋敷ともいわれている。大名領の代官屋敷としては都内唯一の存在。

まずは世田谷線から眺めると三軒茶屋のひとつ先の電停・西太子堂にある教学院だ。ここは目青不動で知られる寺であり、都内にある目黒、目白、目赤、目黄の各不動尊のひとつである。目黒、目白は地名、駅名になっているので広く知られているが、その名の由来が不動尊の目の色にある史実は意外に知らない人が多いようだ。

目青ってなに？　と思っても不思議はない。世田谷線は東急唯一の軌道線として親しまれており、とくに鉄道ファンには江ノ電と同様に人気がある。この世田谷線にはもう2箇所古刹があり、それが山下にある豪徳寺と松陰神社前にほど近い松陰神社である。

松陰神社は吉田松陰を祭神とした神社で、世田谷区内の代表的な名所となっており、境内には社殿、神楽殿のほか松下村塾のミニチュアが展示されている。世田谷線電停から歩いて約5分の距離にある。

また同様、上町電停の南、ボロ市通りに面する世田谷代官屋敷や世田谷区郷土資料館も一見の価値がある。

東横沿線に目を転じると祐天寺などの古刹のほか、多摩川駅西側に広がる多摩川台公園も見どころだろう。ここは亀甲山古墳として知られている高台

調布取水堰

▲防潮堤の役割を持つ調布取水堰。1935年に作られた当時は上水道用の取水のために作られたが、1970年からは水質汚染のため工業用水を取り入れている。

水生植物園

▲多摩川台公園にある水生植物園は、大正から昭和にかけて稼働していた元調布浄水場があったところで、濾過池・沈殿池を生かしたつくりになっている。

亀甲山古墳

◀多摩川台公園にある亀甲山古墳は5世紀前半ころに築造された、50基からなる荏原台古墳群で最大の前方後円墳だ。今も昔も一等地だったことを示す。

で、古墳展示室や水性植物園が併設されている。

冬の晴れた日に眺める多摩川が特に美しく、富士山を遠望できる。東急線多摩川橋梁の上流側にある堰は田園調布（世田谷区玉川田園調布一丁目）にある玉川浄水場の取水口があるための取水堰である。昭和40年代頃には多摩川の水質汚染がひどく、この堰で水が渦巻くため、洗剤の泡が立ち鉄橋を渡る電車の窓にまで風に乗って飛ぶことがあった。

線路をはさんだ南東側の丘の上には浅間神社があり、普段はひっそりとしているが大みそかの深夜は大勢の参拝者で賑わう。

このあたりの名物として大黒堂の鮎焼きというお菓子があり、鯛ではなく鮎の形をしている。多摩川が鮎釣りで賑わった頃に生まれたお菓子だ。

多摩川駅は以前、多摩川園という駅名であり、東急経営の多摩川園遊園地があった。

遊園地が閉鎖されたあと、会員制テニスクラブの「多摩川園ラケットクラブ」となり、現在その敷地跡は、北半分が田園調布せせらぎ公園に、南半分が誠成公倫研修所となっている。この周辺にはなぜか宗教施設が多くあり、

旧田園調布駅舎

▲1924年に建築された西洋の民家を思わせる旧田園調布駅舎。一度は解体されたが、住民の強い要望により復元され、駅のシンボル的存在として利用客を見守っている。

カトリック田園調布教会

▲1932年に創立された教会。

聖フランシスコ修道院

▲カトリック田園調布教会の敷地内にある修道院。

田園調布二丁目に立正佼成会、世界真光文明教団が、同三丁目にカトリック田園調布教会と聖フランシスコ修道院がある。

実はこの多摩川台公園は幼児期の私の遊び場だった場所なので付近のことをよく知っているわけだ。三丁目にある宝来公園でもよく遊んでいた。というわけで東横線は私の地元を走る電車なのである。

開発により姿を変える沿線風景

この先、東横線は多摩川を越えて神奈川県川崎市へ入る。武蔵小杉駅周辺の風景の変化は大きく、今では川崎市の副都心へと成長し、超高層マンションが林立している。

駅も様変わりしており武蔵小杉東急スクエアがホームを取り囲むように建つ。

かつてこの周辺は工業都市とよばれ、綱島街道沿いに大小の工場が集まっていたが、駅周辺は東京電力中原変電所や企業のグラウンドが広がる光景であった。ビルとよべるものは小杉会館があるていどで、のどかな眺めをたのしめた。昭和も終わり近い頃まで、そう大きな変化はなかった一帯である。

田園調布せせらぎ公園

▲かつて多摩川園という遊園地があり、その後、多摩川園ラケットクラブがあった地に開園した田園調布せせらぎ公園。四季折々の自然が楽しめるほか、遊水地が2か所あり水生植物が生息する。

宝来公園

▲1925年に田園都市株式会社がこの地を開発した際、武蔵野の風景を保存するために町の一角を残し作ったのが宝来公園。その後東京市に寄贈される。

多摩川浅間神社

▶鎌倉時代に創建といわれる多摩川浅間神社。北条政子が源頼朝の出陣の際に富士吉田の浅間神社に向かって武運長久を祈り、身に着けていた正観世音像を建てたことに始まる。

ＪＲ東日本南武線との連絡駅だが、横須賀線（湘南新宿ライン）に武蔵小杉駅ができたことで変化している。川崎市内に所在する東横線、目黒線の駅は新丸子、武蔵小杉、元住吉の3駅。元住吉と日吉の間で越える小河川の矢上川が川崎市と横浜市の市境である。日吉から先が横浜市内に所在する駅となり、綱島駅周辺は温泉（鉱泉）街として賑わったが現在その面影はほとんど残っていない。

また同地は桃の名産地として知られていた。鶴見川を越えると大倉山公園梅林の最寄り駅、大倉山駅がある。

同公園の中にある東横神社は東急の企業神社であり、東急に関係のある物故者を合祀している。１９３９年6月22日に伊勢神宮からの木体遷座式をおこなった。

この先、東横線は横浜駅をめざして走るが、列車は同駅から横浜高速鉄道みなとみらい線へ乗り入れて、終点の元町・中華街へ向かう。東白楽の先で地下へ入るので車窓風景をたのしめるのは東白楽の少し先までとなる。

その東白楽駅の東側の丘に孝道教の本山が見え、桜の頃は特に美しい車窓風景を味わえる。子供の頃「あの建物はなんだろう」と思って眺めていた。

綱島温泉湧出記念碑

▲かつては80軒もの旅館が軒路連ねる温泉街だった綱島。街はベッドタウン化され、ランドマーク的存在だった日帰り入浴施設・東京園が休館となり、その面影は薄れてしまった。

武蔵小杉のマンション群

▲駅周辺にあった工場や企業グラウンドの跡地に超高層マンション群が林立する。新たにショッピングセンターも進出しているが、昔ながらの商店街も健在だ。

大倉山記念館

▲実業家で後に東洋大学学長を務めた大倉邦彦により1932年に建てられた「大倉精神文化研究所」の本館。

東横神社

▲かつては東急が経営していた大倉山公園。今は横浜市が管理する観梅の名所だ。その敷地内に1919年に建立された東急の企業神社、東横神社がある。一般参拝は不可。

どこか中国風に見える建物だった。まったく横浜を知らない知人が中華街とまちがえたという嘘のような本当の話がある。

古くから変わらない風景

東急沿線での見どころとしては池上線池上駅に近い池上本門寺が筆頭だろう。

正式名称を長栄山本門寺という。今から約700年前になるが、この地で日蓮上人が入滅、61歳と伝えられている。

日蓮宗の大本山であり境内の広さは約20万平方メートル。日蓮上人ゆかりの日朝堂、大堂、五重之塔などがならんでおり、五重之塔は重要文化財に指定されている。

毎年10月12日の、お会式は万灯行列、うちわ太鼓で街全体が賑わう。

正面からアプローチすると長い石段を上ることになるので、おすすめのコースは車で車坂を上がること。これだと楽に境内へ入れる。池上梅園が隣接するので早春がベストだ。

広いみごとな庭園が北側にあるのだが、一般公開していない。

池上は川崎大師と同じく、くず餅が

池上本門寺

▶▲池上本門寺は日蓮上人が入滅した霊跡に建立された日蓮宗の大本山。本堂を中心に、1608年に建立された関東最古の五重塔など歴史ある建造物が点在する。

目黒不動尊

▲正式名称を泰叡山護國院瀧泉寺という。808年創建の関東最古の不動霊場で、慈覚大師・円仁が不動明王の像を彫り、祀ったのが始まり。

東白楽孝道教大黒堂

▲法華系の新宗教である孝道教団の本山。見晴らしのよい高台にあり、みなとみらい地区が見渡せる。桜の名所としても知られる。

有名だ。池上駅の近くで売っている。

寺院つながりで記すと、目黒線不動前駅から約10分の距離に目黒不動尊があり、三軒茶屋の目青不動尊のグループであることがわかる。この目黒不動尊の境内の一部は路線バスが通り抜けることで知られている。

不動尊に縁があるのか大井町線等々力駅もまた、等々力不動尊の最寄り駅となっており、等々力不動尊は等々力渓谷に面していて、不動の滝が見どころである。このあたり一帯をたのしむには、大井町線等々力駅で下車して、駅南側にあるゴルフ橋脇の階段を下って谷沢川に降りるとよい。ゴルフ橋を見つけるポイントは「成城石井」を見つけることだ。

谷沢川が多摩川に合流する間に等々力渓谷がある。季節は晩秋か早春がよい。

ここが都区内かと思うほどの別天地である。渓谷沿いに歩いてゆくと多摩堤通りに出るので、玉堤小学校バス停がある。そのバス停を走る東急バスは、田園都市線二子玉川駅と東横線多摩川駅を結ぶルートなので、どちらにも行けて便利だ。

東急沿線で唄になった場所は過去いくつかあるが「モナリザの街」は渋谷、

▲日蓮上人が池のほとりで足を洗ったという言い伝えからこの名がついた。周囲約1.2キロ、都内屈指の湧水池で、現在は清水窪弁財天から湧き出る水が流れ込む。

▲旧中原街道の一部で、田園調布本町の切通しの坂にある桜並木。福山雅治が唄う「桜坂」のヒットにより一躍全国に知られる名所となった。

▲東京23区内で唯一の渓谷である等々力渓谷。谷沢川に沿って1キロほど続く遊歩道が整備され、駅から近いこともあり、癒しを求めて多くの人が訪れる。

「池上線」はズバリそのもの、そして「桜坂」は東急多摩川線沼部駅近くにある。住所で示すと大田区田園調布本町だ。

高級住宅街の代名詞・田園調布

この田園調布という名称だが、長野県の軽井沢と同じで「えっ！　ここが？」と思う所まで広範囲におよんでいる。

本家本元の大田区田園調布は1丁目～5丁目まで。この田園調布3丁目、5丁目の北側が世田谷区玉川田園調布1丁目、さらに環状8号線の北側が同2丁目。

一方南側では田園調布1丁目と中原街道をへだてた南側が大田区田園調布本町、さらにその南に同区田園調布南があるという具合だ。ちなみに駅の所在地で記すと田園調布、多摩川、沼部の3駅が該当する。とにかく広い町名である。

一般に地域住民の間で「ロータリーの中」という表現があるが、それでいう田園調布3丁目が、いわゆる田園調布ということになり、説得力がある。

これもひとつの東急沿線風景と思うので記しておく。

東急グループ

▲田園調布駅直上にあるショッピングセンター、東急スクエア田園調布

全国に広がる東急の知名度

東京急行電鉄を中核企業として広がる東急グループは、いわゆる民鉄企業グループの中で日本最大規模を誇り、これに匹敵するものをあえて記すと阪急阪神ホールディングスと近鉄ホールディングスであろう。

他の民鉄グループは、これら3大グループに比較すると、その規模は小さい。

東急はそもそもの発祥が田園都市株式会社という不動産事業会社が母体であり、その鉄道事業部門として誕生している点に特徴がある。これと同様な例として西武鉄道多摩湖線を開通させた箱根土地株式会社による多摩湖鉄道があるが、その規模は小さく後に同社は武蔵野鉄道に吸収合併されて消滅した。

武蔵野鉄道もまた多摩湖鉄道を吸収合併した時点において、箱根土地傘下の鉄道会社となっていたので同資本同士の合併であり後に西武鉄道と改称し現在に至る。

東急も西武も元来は不動産資本を起源とする民鉄グループであるため、住宅地造成や建物賃貸事業、都市開発、

東横のれん街

◀日本初の名店街として1934年から東急百貨店東横店東館で営業した東横のれん街。全国各地の老舗や名店が集まり、大切な贈り物などに利用されている。渋谷駅建て替えによる東館閉館にともない、現在マークシティ地下1階に移設した。

▶帝都高速度交通営団（現：東京メトロ）、東京急行電鉄、京王電鉄が共同再開発をした道玄坂にある複合施設で、渋谷エクセルホテル東急や上記の「東横のれん街」などの食品売り場がある。

渋谷マークシティ

東急ハンズ渋谷店

◀ご存じ、東急ハンズの一号店であり東急不動産が始めたDIY・バラエティショップである。このHANDS現象ともいうべき小売業の形態は流通革命といえるほどのインパクトを持って全国を席巻した。

東急百貨店東横店と渋谷ヒカリエ

▶建て替えを待つ東横店西館。渋谷のランドマークとして約半世紀にわたり君臨した建物であり、"昭和の歴史"が詰まっている。東急グループを象徴した建物のひとつでもある。渋谷のニューランドマークである渋谷ヒカリエとの対照的な風景も、そろそろ見納めだ。

ホテル観光事業などに強く、むしろそれらが本業といえなくもない点で共通する。

このため他の民鉄各社と異なり鉄道事業への依存度は必ずしも高いとはいえず、かえって一般の人たちにとって「東急」と聞けば百貨店、スーパーマーケット、あるいはホテルなどを先ず思い浮べるのではないだろうか。

東急百貨店、東急ストア、東急ホテルなどである。不動産事業の東急リバブル、そしてバラエティショップの東急ハンズも知名度が高い。これら各企業は東急沿線を越えて全国展開していることから、東急という名称は全国的に知れわたっている。

こうした例は意外に少ない。大手民鉄の名称は、その沿線地域、その路線が属している地方（例えば関東圏、関西圏など）ではよく知られているが、これが圏外となると鉄道ファン以外の一般の人たちにとっては耳慣れない名称になる。

例えば関東圏で京阪、関西圏で京成と聞いて、その名称からすぐにそれらが民鉄企業の名称と理解できる人は決して多くないだろう。このように大手といえども民鉄企業の名称は必ずしも全国区ではないのである。

東急百貨店本店

▲東急百貨店が高級品志向で開業した旗艦店であり、開業以来そのコンセプトを維持している。8階のレストランフロアなど従来のデパートに見られない内容で開業当時に話題となった。シースルーエレベーター「クリスタルビュー」は開業後に設けられたが、おそらく日本初の展望エレベーターであろう。Bunkamuraを併設したことで、上級客の人気を不動のものにしており、都内にある百貨店の中でも、そのプレステージが高い。

シャトルバス〈City Shuttle〉

▶渋谷駅東口宮益坂から東急百貨店本店東口間を走る無料シャトルバス。12～15分間隔で運転しており、人通りの多い街中を歩いていきたくない方には非常に便利。Bunkamuraなどのアクセスにも利用されている。

そこが大手メーカー、例えば日立や東芝、あるいは資生堂や花王などとの相違点といえよう。大手民鉄といえども基本的にはローカル企業にすぎないのである。

そうした中にあって東急は異色の存在であり、その名称を全国に知らしめているのが、東急の関連事業だ。とくに東急ホテルズは東急グループの広告塔になっており、北海道から沖縄まで広くチェーン展開している。

これに近い例として近鉄グループの都ホテルチェーン、阪急阪神ホテルズがあるが両者とも近鉄や阪急の名称を用いた施設は多くなく、近鉄は都ホテルを名乗るため、この名称からすぐに近鉄だとわかる人は多くない。

阪急グループも同様で、合併した第一ホテルの軒数が多く、その名称を継続使用しているため、これが阪急系だとわかる人は多くないはずだ。

こうした例とは対照的なのが東急グループであり「東急」という名称を全面的に押し出している。

かつて、それは昭和38年に遡るが東急が日本にはじめてアメリカのヒルトンホテルを東京に誘致した時のことだ。

当初、東急ではそのホテル名を「東急ヒルトンホテル」としようと考えて

戦前の東横百貨店

◀民鉄直営のターミナルデパートとして昭和9年に開業した当時の東横百貨店。

▶郊外百貨店としてたまプラーザに次いで開業した。

日吉東急百貨店

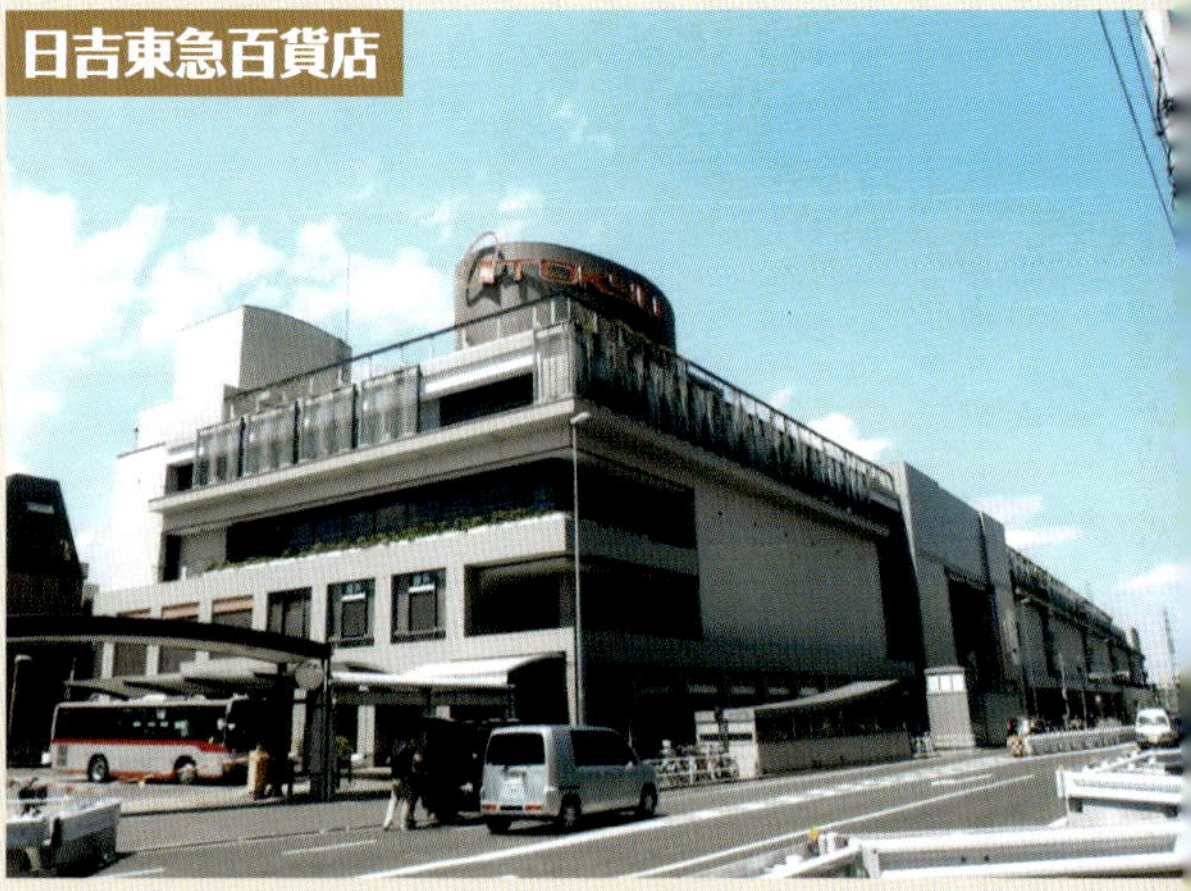

蒲田東急プラザ

◀東急多摩川線、池上線のホームと直結するショッピングプラザ。店内リニューアルで生まれ変わった。

いたが、ヒルトン側がそれを認めず「東京ヒルトンホテル」として開業させたことがある。

しかし、このホテルを運用した会社は、その名称として「ホテルジャパン東急」を用いた。このように東急の社風として昔から「東急」というブランドに絶大なる誇りをもっている。こうした徹底したブランド戦略こそ東急グループの真髄といえよう。

そして、その企業ブランドに対する誇り高さを裏づけるものがある。単に自己主張が強いわけではない。

それが何かといえば東急の前身である田園都市株式会社が展開した事業であり、日本を代表すると言っても決して過言ではない高級住宅地を完成させた実績にある。

今の田園調布もそのひとつであり、さらに多摩田園都市を創造した構想力だ。

これを凌ぐ実力を有する民鉄は他にない。

五島慶太による経営拡大

民鉄におけるグループ経営は阪急の小林一三が最初といわれているが、そのアイデアをスケールアップしたかた

ながの東急百貨店

▲長野駅前に建つ東急百貨店で経営は現地法人の"ながの東急百貨店"である。地方に出店した東急百貨店は他に札幌などがあるが、このながの東急百貨店の歴史は古く、地域の一番店として愛されている。

長野電鉄

◀ながの東急百貨店と長野電鉄長野駅とは地下で直結している。そこには東急田園都市線で活躍していた8500系が長野市民の足として活躍。善光寺下駅の駅通路の壁には北アルプスをバックに走る8500系が描かれており、長野の地にすっかり馴染んでいるようだ。

ちで実行したのが東急の五島慶太である。

東京初の民鉄直営ターミナルデパートである東横百貨店、現在の東急百貨店を開業させるなど常に新規事業を視野に入れている。

こう書くと民鉄直営の百貨店は大阪梅田の阪急百貨店だと言いたい人もいえよう。

しかし、小林一三が大阪梅田の阪急ターミナル内で最初にはじめたものは白木屋（後の東急百貨店）に経営を委託した食料品を中心とした物品販売であり、これを後に阪急直営の阪急マートへ改め、これを母体として阪急百貨店が開業したのである。

当初から大型のターミナルデパートではなかった。いかにも小林一三らしい慎重さを感じる。

これに対して東横百貨店は東横線渋谷ターミナルに、地上7階建ての大型ビルを建て、当初から百貨店として開業した。

この東横百貨店が開業する3年前にあたる1931年に東武鉄道が浅草ターミナルビルを完成させ、百貨店をはじめているが、老舗百貨店のひとつとされる松屋に入居させた事に過ぎず、東武が直営したわけではない。

プレッセ

▲東急ストアの上級店がこのプレッセ。プレステージストアとして新しく設けたブランドであり、京急系のユニオン、JR東日本系の紀ノ国屋とならぶ高級ストアである。

東急百貨店吉祥寺店

▲東急百貨店の4号店で、周辺のデパートが閉店していき吉祥寺唯一のデパートとなった。東急沿線ではないが、しっかりと地域に根付いている。

東急ストア

◀民鉄系スーパーマーケットとして古参格にあたり、かつては東光ストアという名称だった。

ゆえに東横百貨店が東京初の民鉄直営百貨店ということになる。

関東大手民鉄他社が百貨店事業へ進出したのは昭和30年代半ばからであるので、いかに東急による百貨店開業が早かったがわかる。東横百貨店は日本橋の老舗百貨店として知られた白木屋を合併し、また本拠地である渋谷に高級品志向の東急百貨店本店を1967年に開業し、商号を東横百貨店から東急百貨店へ改めた。

東横という名称は同百貨店が開業した当時の東京横浜電鉄に由来するが、これが東京急行電鉄の前身企業である。

東急百貨店は札幌や長野といった遠隔地へ進出すると同時に自社沿線での多店舗化をはかった。民鉄系百貨店としての規模は大きい。また食品製造事業へも進出しており、かつての中央食品を母体とする食肉加工事業のセントラルフーズが東急百貨店、東急ストアを中心に商品を供給している。中央食品の設立は1957年に遡る。この年に東急では三田東急アパートの建設、渋谷地下街の建設、南平台東急スカイライン（アパートメントハウス）の建設などを実施、総額73億円を投資した。

▶東急ホテルズのフラッグシップホテルであると同時に日本を代表するホテルでもある。山王日枝神社に隣接する緑豊かな環境にあり、国会議事堂、首相官邸に一番近いホテルである。VIPの利用も多く、ホテルとしての格の高さは都内でも屈指の一軒として知られる。数ある民鉄系ホテルの中で最高峰といっても過言ではない。

本物志向の住人に合わせた商品展開

スーパーマーケットへの進出も早く、昭和30年代はじめに実施しており、東光ストアがそれである。これが現在の東急ストアの前身であり、首都圏を中心に出店しているが、北海道や伊豆半島もカバーしている。

この東急ストア系列の食品製造業が東光食品であり日配品を供給する。

東急ストアは、その上級店としてプレッセを展開しており高級スーパーマーケットとして知られる。おもに東横、目黒、田園都市各線への出店。田園調布店などは、ナショナル麻布傘下のスーパーマーケット「田園」と市場を2分した。

ここにも東急の高級志向が表れている。

東急ストア自体が他のスーパーマーケットよりワンランク上の商品構成をおこなっており、PB商品では私鉄系スーパーマーケット共同開発の「Vマーク」商品のほか東急ストア独自のPB商品として「東急ストアプラス」をラインナップに加えるなど、自社のオリジナリティーを大切にしていることがわかる。

▲1936年に建てられた国会議事堂。ホテルから徒歩8分ほどの距離にある。

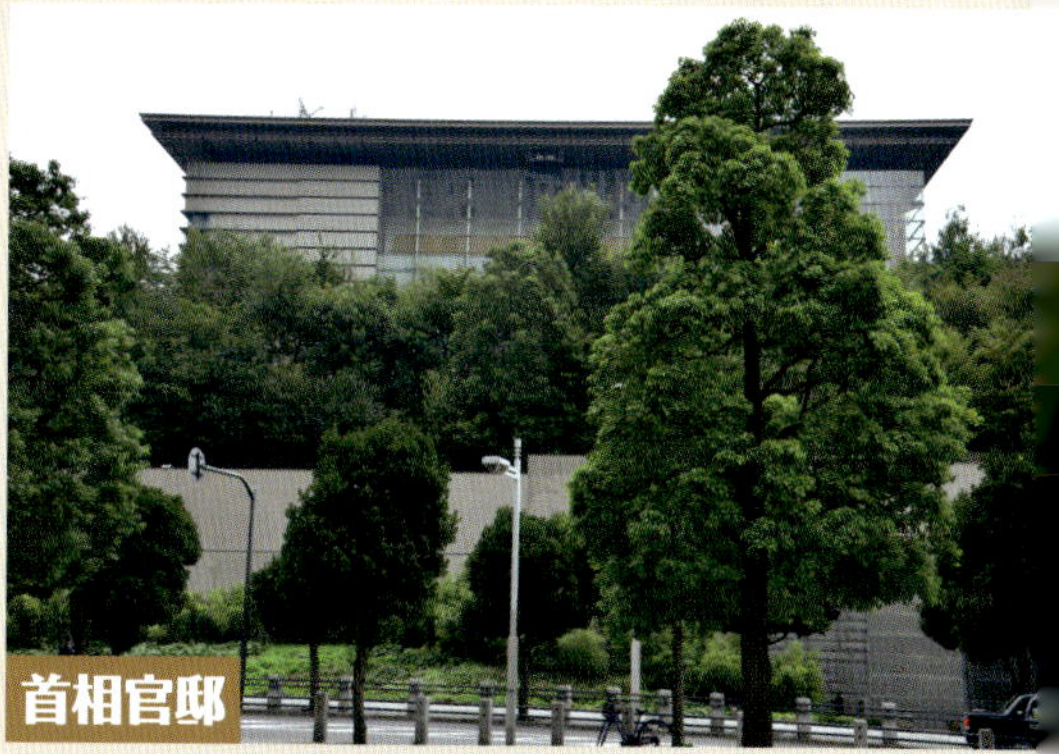

▲ホテルから徒歩1分の距離にある首相官邸。

▲ホテルの裏側、徒歩2分のところには江戸三大祭りの山王祭が行われる日枝神社があり、東京有数のパワースポットとして人気がある。「ザ・キャピトルホテル東急」では日枝神社の神前で挙式して披露宴をホテルで行うというプランが人気だ。

私鉄系スーパーマーケットとして他社と横ならびしない点がよい。

プレッセは特に出店立地先を厳選しており多店舗展開をおこなっていないが、こうしたスタイルは高級スーパーマーケットの元祖ともいうべき紀ノ国屋に通じるものがある。

これが成城石井のように多店舗展開すると、そのイメージがつかみにくくなってしまう。東急はその沿線カラーに恵まれているのでこの分野に成長性がある地域といえよう。

これがプレッセの強みだ。

東急における流通事業は地域的有利性が潜在している。その沿線住民の多くが低価格志向ではないからだ。生活感覚が高感度である住民が多いため、価格に左右されず常に本物を求めている。そこに東急百貨店、東急ストアなど流通事業のさらなる発展性があるように思える。

ブランド化を定着させたホテル進出

東急百貨店、東急ストアとともに東急ブランドを定着させたものが東急ホテルズであり、都市生活を送るにあたってホテルという存在は不可欠である。それは必ずしも宿泊に限定したもので

セルリアンタワー東急ホテル

▶旧東急本社跡地に建つ超高層ホテル。ビューバスを有する客室もある。ガーデンキッチン〝かるめら〟や南仏料理〝グーカーニョ〟などが人気だ。またバー〝ベロビスト〟ではシーズンごとのオリジナルカクテルが楽しめる。このホテルには能楽堂があるのが特徴で伝統芸能を鑑賞できる。

はなく、生活のあらゆる場面で関わりをもつ。

東急のホテル事業は以前その形態は都市ホテルを中心とした東急ホテルチェーンと、よりカジュアルな東急インチェーンで構成されていた。このふたつが統合して東急ホテルズに一本化されている。

一時はホテルブランドを細分化しすぎて、わかりにくかったが、現在では多少だがわかりにくさが改善された。

グレード別に上級ブランドから記すと次のようにセグメントされている。

「東急ホテル」「エクセルホテル東急」「東急REIホテル」だ。このうち東急REIホテルにあたるのが以前の「東急イン」である。

東急REIホテルのREIとは、Relax、Enjoy、Impressiveの頭文字である。多くの東急インが東急REIホテルとなったが、2015年4月現在で以下のホテルが、この東急REIホテルへ名称変更せず東急インとして営業していた。

釧路、帯広、和歌山の各東急イン。

このうち和歌山のみが同年8月現在、東急ホテルズのパートナーホテルとして営業している。パートナーホテルは「和歌山東急イン」のほか、「ホテルグ

▲東京・赤坂のランドマークがこの建物。アイボリーとピンクのストライプが美しく、個性的な外観が人目を引く。都心のホテルの中で、そのロケーションの良さは一番だろう。

▼二子玉川riseは二子玉川地区再開発で登場した商業、オフィスビル群。二子玉川エクセルホテル東急も開業した。

▼30階にある"The 30th Dining Bar"からのシティビュー。西方の小田急線方向を望む。

ランデコ」、「ヴィアーレ大阪」、「ホテルオリオンモトブ&スパ」がある。

最近開業したものとして、2015年7月に「二子玉川エクセルホテル東急」。同年8月開業の「ザパークフロントホテルアットユニバーサル・スタジオ・ジャパン」が加えられた。

また海外の提携ホテルとして次の6軒がある。「マウナラニベイホテル&バンガローズ」「アウトリガー・リーフ・ワイキキ・ビーチ・リゾート」「アウトリガー・ワイキキ・ビーチ・リゾート」(以上ハワイ)

「台北アンバサダーホテル」「高雄アンバサダーホテル」「新竹アンバサダーホテル」(以上台湾)

東急が都市ホテルに本格的に進出したのは1960年に開業した「銀座東急ホテル」からであり、前記のとおり1963年に「東京ヒルトンホテル」を開業。都内では1969年に「赤坂東急ホテル(現在の赤坂エクセルホテル東急)」、1964年開業の「羽田東急ホテル」などでホテル事業の基礎を固めた。現在では東京ヒルトンホテルをルーツとしたキャピトル東急ホテルを建てかえた「ザ・キャピトルホテル東急」を東急ホテルズのフラッグシップホテルとして全国各地に都市ホテル、

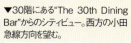

蓼科東急ホテル

▲高原の冷涼な空気に包まれた蓼科に、ウッディな外観もおしゃれな蓼科東急ホテルがある。このホテルはかつて東急インチェーンのリゾートとして蓼科東急リゾートの名で開業し、東急リゾートの1号店であった。伊豆今井浜と同様に2015年4月に現在名となり東急ホテルの1軒となった。軽井沢が俗化された現在にあって蓼科はそうしたところがなく、静かで優雅な高原リゾートをたのしめる。

白馬東急ホテル

▲黄葉の頃の「白馬東急ホテル」周辺の光景。散策すると心が洗われる景色に出会える。

◀スキーリゾートのパラダイスとして知られる歴史あるホテルだが、四季を通じて美しい北アルプスの山並がたのしめる。本格的な山岳リゾートとして上高地帝国ホテルと双璧をなす。このホテルのレストラン"シャモニー"は、地元の食材を使った料理が好評で、その味の確かさは東急ホテルズ伝統の王道をゆく。ロイヤルファミリーなどVIPの定宿としても有名だ。

リゾートホテルを展開しており、質量ともに日本を代表するホテルとなっている。

都内では渋谷の「セルリアンタワー東急ホテル」も東急グループを象徴しているかのようにみえる。

東急が初期に都内でホテルを開業したのは前記のとおり、銀座や赤坂といった都心中心部であり、本拠地の渋谷ではなかった。

渋谷は長いこと都市ホテル空白地帯だったのである。この点では新宿や品川におくれていた。東急が渋谷にホテルを開業したのは、1979年開業の「渋谷東急イン（現在の渋谷東急REIホテル）」である。その後、2000年に「渋谷エクセルホテル東急」、2001年に「セルリアンタワー東急ホテル」が開業した。

一方、リゾートホテルでは1959年開業の「白馬東急ホテル」、1962年開業の「下田東急ホテル」がある。

東急が東急ホテルの名称でチェーン展開をはじめる以前に遡れば、1942年5月に経営権を入手した箱根の「強羅ホテル」、1954年に買収した「軽井沢パークホテル（後の軽井沢東急ホテル）」、1952年に買収した「琉球ホテル（後の那覇東急ホテル）」が

成田エクセルホテル東急

▲成田空港に近い大型ホテルで、成田東急インとして開業。エクセルホテルへ格上げされ都市ホテルとして機能している。

横浜ベイホテル東急

▲横浜・みなとみらい地区に開業した5ツ星クラスの国際級ホテルで、開業時は東急の海外ホテルブランドであったパンパシフィックを名乗った。個性的なレストランが人気で、「クイーンアリス」や「トゥーランドット」など著名なシェフのプロデュースで知られる。数ある横浜のホテルの中で、インターナショナルな雰囲気が濃い。みなとみらい線の駅と直結しているのでアクセスの良さは抜群であり、シティーリゾートとしての利用にも向くホテルである。

上田東急REIホテル

▲上田駅温泉口の駅前にあるホテルで、近くに千曲川が流れる。ビジネス利用はもちろん、城下町上田の観光にも便利。

あり、海外ではインドネシアの「バリホテル」などが思いあたる。

またハワイのホノルルでは「ハワイアンリージェントホテル」を経営していた。

ホテル事業との関わりは古くからある。

現在に至るまで、その長い歴史の中でホテルのスクラップ&ビルドが多くあり、前記した東急ホテル1号店といってもよい「銀座東急ホテル」や「横浜エクセルホテル東急」などが姿を消して久しい。

金沢東急ホテルなど、その名称を二転させたところもあるなど（金沢東急ホテル→金沢エクセルホテル東急→金沢東急ホテル）名称変更が多いのが東急ホテルだ。

本来なら「東急ホテル」と「東急イン」の2大ブランドに集約すべきに思う。

もっとも「イン」という名称は利用者に定着していたが、旅行代理店との価格交渉で不利なため「イン」を「ERIホテル」へ改称したとのことである。

わかりづらいブランドが「エクセルホテル」であり、この名称はもともと旧東急インチェーン時代に東急インチェーンの上級店ブランドとして登場している。

下田東急ホテル

▲伊豆急行が開通した翌年の昭和37年に開業した東急系のリゾートホテル。鍋田・大浦湾を見おろす高台に建ち、眺望の良さは下田随一である。政財界にこのホテルのファンは多い。日本を代表する高級リゾートホテルの一軒であり、シーフード料理は特に定評がある。西の志摩観光ホテル、東の下田東急ホテル、この2軒がシーサイドリゾートの名門として知られている。

伊豆今井浜東急ホテル

◀ビーチサイドに建つ明るく開放的なリゾートホテルで、伊豆急行「今井浜海岸」駅からもアクセスが良い。バルコニー付き客室から伊豆の海が眺められ、ロングステイに最適である。伊豆今井浜東急リゾートの名で親しまれたが、2015年4月より現在の名称へ変更された。

しかし東急ホテルチェーンを長年利用してきたユーザーからみると、当該ホテルが格落ちした印象を受ける。できれば元の名称にもどしてほしいと思う。

例えば「赤坂エクセルホテル東急」という名称だとビジネスホテルのような印象が強く、「赤坂東急ホテル」にくらべて名称に重みが感じられない。

ホテルサイドとしては名称に凝ったつもりかもしれないが一考を要する。

なお東急の宿泊事業は、この東急ホテルズのほかに、東急不動産の「ホテルハーヴェスト」、東急リロケーションの「東急ステイ」など複数企業が参入している。

余談ながら「東横イン」は東急とは関係ないので、まちがわないように。

結構多くの人がまちがえるらしい。東横と名乗れば、そう勘違いしても仕方がない。まったくまぎらわしい名称である。

ところで東急REIホテルだが、当初のコンセプトは都市ホテルとビジネスホテルの間を狙って開業し、東急のほか、全国に○○インが出現したが、その本家がインという名称をやめたことに正直おどろいた。

もっともアメリカのホリデイ・イン

東急プラザ表参道原宿

▲かつてクリエーターたちが集った伝説の建物・原宿セントラルアパートがあった場所に建てられた商業施設。

二子玉川RISE

▲二子玉川にできた複合商業施設で、2015年にテラスマーケット、シネマコンプレックス、ホテルなどが新たに開業した。

数寄屋橋阪急跡地

▲東急不動産が主体で行われているのが都市型商業施の再開発事業(仮)銀座5丁目プロジェクト。数寄屋橋阪急の跡地で、銀座数寄屋橋交差点という日本を代表する立地に2016年開業を目指している。

がかつて伊藤忠商事をパートナーとして日本国内でチェーン展開したが、その時の和名(日本語表記)がホテルホリデイ・インだったことに大笑いした記憶がある。やはりイン(INN)という表現は日本人にはあまりなじみがないのだろう。このインを普及させたのが東急だと記したが、語感として捨て難く思う。

ただ、INNはHOTELよりランクが下がる表現なので日本では使用されなかったようだが、それをあえて採用した東急の着眼点に感心させられた。

欧米とくにアメリカでは広く普及しており、ヒルトンホテルもヒルトンインを持っている。ホリデイ・インは世界的に知られているが、必ずホテルにプールを設けること、そしてベッドは全室ダブルサイズにするという条件が土地が高い日本ではネックになってしまった。確か日本の1号店は「ホリデイ・イン京都」のはずだ。

その京都にかつて「京都東急イン」があった。1973年開業だから東急イン最初期の開業になる。2002年3月に営業終了となった。その建物は1970年の大阪万博をあて込んで開業した「京都オリエンタルホテル」を転用したと記憶にある。株式会社関西

渋谷109

▶ティーンエイジャーの聖地ともいわれるファッションビル。通称マルキューの名でよばれており、渋谷の一面を象徴する文化発信基地となっている。この建物が建つあたりは戦後、恋文横丁といわれた所で、日本人が米兵へ送るラブレターの代筆業者が集まっていたのが、その名の由来だとか。

東急インが運営していた。

1982年に堀川五条に新しく「京都東急ホテル」が開業したので、こちらに宿泊需要を集約したのだろう。立地、建物とも京都東急インとは比較にならない京都屈指の高級ホテルである。このホテル建物については景観にことのほか厳しい京都市において、高い評価を得てBCS賞（建物景観賞）を受賞した。

東急ホテルズは、そのブランドセグメント内の各施設ともに均質を保持しており、各施設間に極端な落差がないので安心して利用できる。こうしたホテルチェーンは意外に少ない。そうした中で格別的存在なのが東京・永田町に建つ「ザ・キャピトルホテル東急」である。東京都心部には近年になり外資系五ツ星ホテルが陸続と開業しているが、こうした超高級ホテルと互角に勝負できる唯一の民鉄系ホテルだ。

また名門の帝国ホテル、ホテルオークラ東京、パレスホテルと同格と言ってよい。

建物設備、サービス、料理など他の民鉄系ホテルをはるかに超えている。

こうした超高級ホテルから、カジュアルに利用できるクラスまで、東急ホテルズのラインナップはすき間がない。

▲渋谷ヒカリエは地下と2階の連絡通路を使えば渋谷を発着する鉄道とアクセスできる。

◀オーチャードホール、シアターコクーン、映画館、美術館などからなる複合文化施設。東急百貨店本店と隣接しており、通路でつながっている。

▲旧渋谷駅は解体され、地上35階建、高さ約180メートルの超高層ビルが2018年に誕生予定だ。

アジアに進出する東急

流通そしてサービス事業を紹介したが、東急の不動産事業に触れてみよう。

東急不動産は業界でもトップクラスの実力があることで知られており、旧財閥系の三菱地所、三井不動産と肩をならべる。他の民鉄系不動産各社の比ではない。

都市部に大型賃貸ビルを多数所有し、また東急沿線内外で広く開発事業を手掛けており、中でも多摩田園都市の開発がある。

さらに海外においてもオーストラリアのパース近郊での開発事業は歴史があり、近年ではベトナムで都市創造事業をはじめた。

ホーチミン市の北に隣接するビンズオン省でのプロジェクトがそれで、オフィスビルや大型商業施設などを建設。居住人口12万人、労働人口40万人の規模で、東急ではここに三街区、1500戸の高層住宅を建設。その事業費は高層住宅三街区だけで約1000億円に達する。

東急では海外での大型プロジェクトによる事業収益を増やすことで東急グループのさらなる発展に期待をかけて

たまプラーザ付近

山や畑が広がっていたこの地を開拓し、巨大な住宅地を作っていった東急。1975年当時の写真（上）を見ると未完成な街の様子を見ることができる。たまプラーザ駅は右上の真ん中、小ぢんまりとした小さな駅舎で目立たない。

いる。

　この不動産開発事業と並行して、公共都市交通の確立も基本プランに織り込むなど、現地事業を拡大する予定だ。

渋谷「オトナ化計画」進行中

　今、もっとも注目を集めているプロジェクトは、なんと言っても渋谷の再開発である。

　その目的は都市機能の強化と、防災に強い街づくりにあり、古くなった建物を撤去して近代的で高機能な建物を建設すると同時に、交通結節点としてスムースに人々が移動できる動線の確保にある。

　渋谷はその地形上、高低差がネックになっていた。このため従来の渋谷駅と、それを取り囲む建物の構造が複雑でわかりにくいターミナルだといわれていた。

　こうした欠点を解消し、街の回遊性を高めるプロジェクトが組まれている。

　東急東横線渋谷駅がすでに地下化され、東京メトロ副都心線と相互乗り入れを実施し、東急文化会館が渋谷ヒカリエに生まれ変わるなど、すでにいくつかのプロジェクトが完成している。渋谷ヒカリエに続いて渋谷東急プラザ、

たまプラーザの並木通り

▲サクラやハナミズキ、ケヤキなどの街路樹が住宅街を彩る。駅から徒歩10分のところにある周辺を木々で覆われた美しが丘公園は人気のスポットだ。

たまプラーザ駅

▲再開発で風景が一変した。

たまプラーザTERRACE

▲多摩田園都市の中心地「たまプラーザ」駅前にあるショッピングセンター。東急百貨店の郊外店としては吉祥寺店、町田店（現在は閉店）などがあるが、純粋な意味での郊外店としては最初の出店といえよう。玉川高島屋ショッピングーと同じ性格を有する店舗である。

東急百貨店東横店の建てかえ工事が進行中だ。

渋谷ヒカリエの地下3階から地上5階に東急百貨店が「ShinQs（シンクス）」を開業し、そのコンセプトとして「新・渋谷、はじまる。」をキーワードに定め、従来型の百貨店のような商品を区分けしたDepartmentから、モノ・コト・キモチを融合させたParkmentへ進化させた新しいスタイルの商業施設を開業した。

また、地上11階～16階に本格的なミュージカルに対応できる劇場として「Tokyu Theatre Orb」があるなど文化発信基地ともいえよう。

東急百貨店東横店東館1階にあった「東横のれん街」も渋谷マークシティー地下1階に移転、再開業しており伝統ある施設も残すなど、渋谷が培った「文化」を大切にしている。東急百貨店本店に隣接する「Bunkamura」とのシナジー効果が渋谷ヒカリエの完成で高まるだろう。

渋谷を「大人の街へ」というのが東急のスローガンになったが、これは明らかにかつての「セゾン・パルコ」文化への批判が込められていると思えた。

東急も「Shibuya109」（通

▲たまプラーザの隣駅である鷺沼駅に広がる住宅地。たまプラーザ同様、多摩田園都市計画の一環で開発された。

◀東急ストアの大型店のひとつが、この中央林間店。田園都市線「中央林間駅」に隣接する。東急ストアは民鉄系スーパーマーケットとして古参格にあり、かつては東光ストアという名称であった。

称マルキュー）で若年層の心を掴んだが、渋谷を若者中心、とくに10代をターゲットにして街全体を良くも悪くも変造したのが西武セゾングループだった。そのセゾングループが企業崩壊した置き土産が渋谷に多く残っている。台風が通り過ぎたあとの渋谷を、どのようにリメイクするか注目したい。

かつての渋谷、それは西武百貨店が進出する前、つまり1967年頃までだが、山の手の静かで上品な街だった。是非、原点回帰したうえで発展してほしいものである。

近年の渋谷を見ると徐々に変化しているのが肌で感じられるようになった。やはり渋谷は東急の城下町である。

東急グループの総力を結集して再開発を完成させてほしい。こうした大プロジェクトは東急電鉄、東急不動産が力を合わせて推進することになるが、より身近な不動産関連事業として、住宅事業がある。

東急リバブルがその窓口であり、不動産売買、仲介業務で実績を積んでいる。

再活性化が注目される多摩田園都市

東急はマンションビルダーとしての

◀東急不動産のマンションブランド、「ドエル」シリーズのハイラインをプレステージと名付けている。

▲東急ウェリナはシニア向けレジデンスとして人気がある。

◀売買・仲介で実績がある不動産のエキスパート。

歴史が長く、「東急ドエル」「東急ビレジ」などの分譲をおこなってきた。首都圏を中心に「東急ドエル・アルス○○」というマンションを多く目にする。最近では「BRANZ」（ブランズ）と名付けたマンション分譲に力を入れている。また「東急ニュータウン」という戸建て分譲住宅地も多い。

　東急の住宅地開発として多摩田園都市が有名だが、ここで実施をはじめた街の再活性化プロジェクトが注目されている。

　少子高齢化社会のモデルケースといえるもので、かつて東急が分譲した住宅を東急が買い取り、それをリニューアルして販売。物件を売ったシニア層はその売却資金で駅に近接して建てられらシニア向けマンションに転居するシステムである。

　足腰の弱ったシニアが便利に暮らせるバリアフリーのマンションが、駅に直結しているので移動するにも便利だ。また戸建て住宅は東急がリニューアルして若年層に販売することで街が活性化できる。

　これは国が目指す優良ストック住宅の活用に沿うシステムである。

　街の年代別人口構成がバランスよく保てる点にその特徴があり、こうした秘策が採れるのも多摩田園都市に人気があるからだ。

　不動産価値が高いからできる。

　当初から計画的な開発をおこない、質の高い住宅と住宅環境を目指した成果である。

　多摩田園都市は半世紀の歴史があるが、当初から高価格帯の分譲であり、乱開発がなかった。はじめから付加価値を織り込んで開発した点に特徴がある。そうした質の高い街だから前記したような街の再活性化ができる。

　東急グループが開発したからだと言ってもよい。そこにはかつて田園調布を開発した田園都市株式会社のDNAがある。

　ここが他社や公企業体が分譲したニュータウンとの相違といえよう。

　トータルで不動産というものを見るからこそできる事だ。総合力の差と言い換えてもよい。

　東急グループ各社は、この総合力がある。それぞれの分野にエキスパートが多くいる。その力の総和が東急ブランドに集積されているから常に新しいものに挑戦できるのだろう。交通事業、開発事業、流通事業、サービス事業が有機的なネットワークを組んでいる企業集団、それが東急グループである。

東急彩景
Summer
夏

田園都市線二子玉川－二子新地

たオープンサンドイッチ「ゴーゴーサンド」、ビーフタンとサラミソーセージのパスタ「スパゲティーミラネーゼ」、野菜だけのシチュー「ベジタブルチャット」、そしてインドネシア風フライドライス「ナシゴーレン」は、とかしバターとカレーパウダーが隠し味で美味しい。ここの名物は「ジャーマンパンケーキ」だ。クレープのような生地に、リンゴのスライスが入っている。それをたっぷりのバターとメープルシロップで食する快感は忘れ難い。B１フロアの主食堂「ケヤキグリル」は、ローストビーフとステーキが美味しい。

シェフのカール・ホーマンはオーストリア人。その前任者のポール・ミューラーは京王プラザホテルにハンティングされた。

なぜか東京ヒルトンの味はジャーマン志向だった。だからクラシックなジャーマンチーズケーキは逸品である。アッサムのミルクティーがよく合う味だ。

和食もよかった。離れの和食堂「源氏の間」では天ぷらと、鉄板焼きのステーキが気に入って、よく行った。

料理、サービスともに満足できるホテルだった。

チェックインして部屋に入ると、フルーツバスケットとシャンパンが用意されていた。

すっかりヒルトンファンになってしまった。ユーザーとしては大満足のホテルだったが東急としては運営委託費用の高さに苦労していたのである。20年契約満了の日が冒頭に記した日であった。

東急側では、やっと取りもどせたと思ったに違いない。

以前、五島昇会長は「セントラル東急ホテルとネーミングしようと思っているんだよ」と話してくれたが、なぜか「キャピトル東急ホテル」を名乗ることになった。

Capitolとは国会議事堂を意味するので、ロケーション的にぴったりだ。

キャピトル東急ホテルにヒルトンの残り香を求めて

東京ヒルトンホテルからキャピトル東急ホテルになってから、年を追うごとに変化がみられた。それはソフトに表れた。サービスが低下したわけではない。むしろスタッフ一同気をひきしめてサービスに努めてくれた。ではなにが変わったのか。空気としか言いようがない。欧米人の利用客が減った。コーヒーハウスのランチタイムなど、ヒルトン時代は大半の客が欧米系という時が少なくなかったのである。それに合わせてかメニューのラインナップに変化がみられた。おもしろいことにコーヒーハウスのメニューからチャイニーズが減り、残ったのは名物のパーコー麺だ。

以前あったスプリングロールが消え、一方で欧米人好みのメニューも減った。この変化は意外に大きかった。

ただヒルトン時代のメニューも残り、味付けや食材も受け継がれたので安心した。

そのキャピトル東急ホテルも建てかえられて往年の雰囲気が失われたのがおしい。

あの頃の活気が感じられない。土地の高度利用が目的のようで、オフィスとの共同ビルになってしまった。こうしたパターンは確かに他の五ツ星ホテルにも例はあるが、以前の建物には東京ヒルトン時代の残り香が、いたるところにあり、それを愛した客は多いはずである。たとえキャピトル東急ホテルになっても、そこに東京ヒルトンを感じることが、このホテルの魅力であり、財産だった。

これは単なる郷愁から言っているのではない。ホテルという文化は、その建物に棲みつくのである。抽象的な表現で恐縮だが、わかっていただける人に感じ取ってもらえれば、それでよい。

必ずしも最新の設備、真新しい建物が絶対ではないのであるが、このあたりの建物文化に対する考え方を理解できる日本人は少ないようだ。だから名建造物を経年劣化を理由にスクラップしてしまう。

あの東京ヒルトンの建物に思い出をもっている人は少なくないし、彼ら彼女らはおそらく私と同じように、キャピトル東急ホテルのヘビーユーザーになっていたに違いない。

室料をいくら高くしてもよいから残してほしかった。今、都内の五ツ星クラスはラックレートで示すと、ツインルームで６万〜９万円あたりだが、それと同額でもよかった。

そもそも東京ヒルトンホテルは開業当初から、その室料が東京一高かったのである。

帝国ホテル、ホテルオークラを抜いていた。それでも多くの人に愛されたホテルだ。

コーヒーハウスのメニューを見て気付いたが、価格を全メニューの平均値をベースにして、メニューごとに増減したプライシングである。つまり比較的安いパスタやカレーなどの価格が高く、逆にステーキやローストが安い。いかにもアメリカ流の合理主義が貫かれていると見た。

このヒルトンに学んだのが東急ホテルだ。さすがにヒルトンほど高料金設定ではないが、高めの室料設定に変わりはない。それでも満室だった。東急ホテルのサービスにヒルトンスピリットが感じられたからである。

少なくとも私はそう思った。東急はヒルトンに高いマネジメントフィーを払ったが、それに見合うだけのサービススキルと、ホテル運営のノウハウを学んだように思う。

東京ヒルトンホテルは、まさに日本最初のホテルスクールであった。

▶レストラン“オリガミ”でしか味わえないジャーマンパンケーキ。これも東京ヒルトンホテルの伝統的スイーツ。

◀レストラン“オリガミ”に伝承されるインドネシア風フライドライスのナシゴレン。東京ヒルトンホテル時代からの一品でファンが多くいる。

追憶の東京ヒルトンホテル

本物のホテル文化が、そこにあった

1983年12月31日、私は不思議な体験をした。

なんと私は一晩にふたつのホテルに同時に宿泊したからだ。12月31日の午後に私は東京ヒルトンホテルにチェックインしたのだが、翌日の昭和59年1月1日にチェックアウトしたホテルは別のホテルだった。

その名称はキャピトル東急ホテル。

実は、あるセレモニーに出席するために宿泊したのである。この1983年12月31日午後11時59分をもって東京ヒルトンホテルは消滅し、1984年1月1日午前0時00分にキャピトル東急ホテルが誕生した。

そのテイクオーバーのセレモニーがホテルのメインロビーでおこなわれたのである。

リチャード・ハンデル東京ヒルトンホテル総支配人から東急の五島昇会長へホテルのゴールドキーが手渡され、それを五島会長からキャピトル東急ホテル初代総支配人になる中島貢《みつぎ》総支配人に手渡された。

ホテルメインロビーはたくさんのゲストで大賑わいであった。正月ということもあり、お祝いムードで華々しい。

東急としては待ちに待った待望の時であった。

私と東京ヒルトンホテルとのお付き合いは長い。このホテルが開業したのは1963年6月だが、東急が所有、経営し運営をアメリカのヒルトンホテルへ委託する形で開業。

日本初の外資系ホテルとの提携として注目された。ちょうど翌年に東京オリンピックが開催されることになっており、都内はホテル建設ラッシュの様相を呈していた。

1年前の1962年にホテルオークラが開業し、1年後の1964年にホテルニューオータニが開業を予定していた。

▲「ザ・キャピトルホテル東急」内の壁画。かつて東京ヒルトン・ホテル・キャピトル東急ホテルの頃、地下1階に飾られていた物で、富士が描かれている。作者は横山操。その名にちなんでキャピトル東急ホテルでは“みさおラウンジ”のバックに、この壁画が飾られており、“ケヤキグリル”のウェディングラウンジとしても親しまれていた。

そうした中でヒルトンという世界的な著名ホテルの日本上陸は人々の強い関心を集めたのである。

その立地も山王日枝神社に隣接した永田町の一等地で、国会議事堂や首相官邸と至近である。東京ヒルトンホテルは、たちまち人気を得て、東京におけるホテル四天王に列せられた。ホテル四天王とはすなわち「帝国ホテル」「ホテルオークラ」「パレスホテル」「東京ヒルトンホテル」だが、中でも東京ヒルトンホテルのきびきびとしたサービスは心地よかった。スタッフ全員がフレンドリーで、たのしく仕事をしていることがわかる。

日本にも本物のホテル文化が到来したと思った。建物もよく考えた造りで使いやすい。

アイボリーの外壁と、ブルーペンガラスの窓が上品なトーンを生み出している。

インテリアは日本調だが、これはホテルオークラとは異なり、あのような光悦《こうえつ》の世界ではなく、欧米人の目で見た日本趣味である。

メインロビーの柱といい、エレベーターのドアといい、いたるところがゴールドカラーでまとめてある。部屋のドアノブまで金メッキだ。だが、決して成り金趣味ではない。全館これ華やかである。エレベーターの内装もゴールドをベースに御所車のエッチングが施され、天井の飾り金具など香港ヒルトンを思い出す。

部屋はカーテンがなく障子と襖が窓にあり、インテリアはブラウン系。日本の都市ホテルとしては部屋も広い。スタンダードツインでも32平方メートル以上はある。

現在では32平方メートルは広いとはいえないが当時、東京のホテルの客室は狭かった。

20平方メートル代などザラに存在していたのである。私は東京ヒルトンのコーナースイートを好んでよく使ったが、とても居心地がよかった。とくに夏に宿泊するのが好きで、プールへ客室から専用エレベーターで行ける。そしてプールは宿泊者専用なのでビジターがいない点が気に入った。12メートルプールだったか小ぶりだったが、かえって落ち着けてよい。

小学生時代からの夏の思い出である。

プールあそびのあとは部屋で着がえてからロビーフロアにある「オリガミコーヒーハウス」へ。夏限定のリフレッシュメントとして各種のスノーフレークスがたのしめる。

私の好みは「メロン静岡」だ。静岡産のマスクメロンと氷のハーモニーがよい。

大きな窓から外を眺めると、和食堂「源氏の間」へ渡る廊下越しに庭園が見える。

この「オリガミコーヒーハウス」は、とにかくよく利用した。学生時代など週に3日は出入りしていたと思う。たのしいメニューが多いからだ。ブルーチーズをグリルし

多摩川線鎌田～矢口渡に咲くコスモス
多摩川
Tamagawa
24
1024
東急彩景
Autumn
秋

東急の車両

▲東白楽付近を走る1000系。東横線から直通で元町・中華街まで直通運行する。

東横線妙蓮寺から白楽間を走る5050系。

すべての技術は東急から

かつて東急はステンレスカー王国といわれた。確かに日本におけるステンレスカーの歴史は東急が築いたが、現状本位でみると他社にも広く普及しているので、必ずしも東急の特徴とはいえなくなった。

京王電鉄など全車がステンレスカーで占められているうえ、VVVFインバータ制御となり、この点では東急より一歩先を歩んでいる。界磁チョッパ制御車が残る東急とくらべて、その近代化は早かった。

しかし京王電鉄に限らず新しい鉄道車両技術は先ず最初は東急から導入したものが多く、他社はそれをあと追いしたにすぎない。

オールステンレス車体、ワンハンドルマスコン、界磁チョッパ制御、VVVFインバータ制御（路面電車を除く）など、東急から他社へ普及した技術である。

その意味では東急は新技術のパイオニアであり、日本鉄道界のリーダーといえよう。

現在のスタンダードともいうべき技術の中で、東急以外で初採用し普及し

たものは、全電気指令式電磁直通空気ブレーキ、ボルスタレス台車であり、前者は大阪市営地下鉄、後者は帝都高速度交通営団（現・東京メトロ）が最初に実用化した。

VVVFインバータ制御を1500V車両に導入したのは東急と近鉄がほぼ同時期だが、わずかに東急のほうが先である。

ただしこれは旧6000系を改造した試作車だが営業列車に投入しているので、VVVFインバータ制御のテープカッターとみてよいだろう。

古くは停車用ブレーキに電力回生ブレーキを用いたのも東急が最初であり、旧6000系がそれである。直流電動機の界磁制御に可変界磁抵抗器をサーボモーターで制御して電力回生をおこなった。

電力回生自体は戦前すでに使用されており京阪電鉄にその例があるが、しかしこれは抑速ブレーキに使用したものである。

また旧国鉄が101系の一部で試用したが試験で終わっている。電力回生を試験的に用いた例は京急にもあったが全て試験のみであり実用化するのは後年のことだ。

抵抗制御車（界磁チョッパ制御、界

▲アメリカのバッド社と東急車輛製造との技術提携より製造された、日本鉄道業界初のオールステンレス車両7000系。

磁位相制御、界磁添加励磁制御を除く）に電力回生を用いた例は少ない。関東では東急、小田急など、関西では京阪、阪急などに例があるが阪急は昇圧工事の時に電力回生車（2000系、2100系）を空制のみに改造した。

東急の路線は駅間距離が比較的短く、また各停運行が多いため、電力回生に早くから着目したのだろう。界磁チョッパ制御をいち早く導入したのも同じ理由と思われる。

界磁チョッパ制御における最大のメリットは、力行←→惰行←→制動（電力回生）をすみやかにおこなえる点にある。

主回路の全抵抗短絡後、すなわち弱め界磁領域での主電動機等電圧制御に起因する。

マスコンをOFFにしてもLBを開放しない。惰行は主電動機の電機子と界磁子を等電圧制御することでおこない、界磁を弱めれば力行、強めれば電力回生へ瞬時に移行できる。このため駅間距離が短く、起動停止回数が多い運行に特に有利だ。さらにサイリスタチョッパ装置の容量は界磁電流のみなので小さくてすむ。つまりイニシャルコストを抑えることが可能だ。

東急では8000系から採用したが、1969年のデビューであり、当時のサイリスタは自己消弧機能がなく転流回路が必要であり、装置自体の小型軽量化が難しかった。

このため大電流制御を必要とする主回路（電機子）チョッパはコスト的に難があった。

さらに当時の電機子チョッパは高速時からの電力回生にも難があったのである。

主電動機発生電圧が架線電圧以下でないと回生ができないからだ。これは電機子チョッパの場合、主電動機発生電圧と主平滑リアクトル電圧との和で回生するためである。

時代の一歩先をゆく東急

コスト面、機能面で界磁チョッパが有利であり、広く普及することになった。

現在のようなIGBTトランジスタ、さらに一世代前のGTOサイリスタをふくめて、そうした半導体素子が出現する以前においてサイリスタチョッパ制御は必ずしも万能ではなかったのである。回路構成もかなり複雑であった。

GTOサイリスタの出現で転流回路が不要となり、IGBTトランジスタ

▲電車としては日本で初めて車体外板にステンレス鋼を用いた5200系。

◀2008年に東横線を引退した8000系。最終日には多くの人が別れを惜しんだ。

ではスナバ回路が消えた。

今、時代はシリコン素材から炭化ケイ素であるシリコンカーバイトへ移行しようとしている。

こうしたパワーエレクトロニクス時代の先駆けになったのが東急8000系である。

全ての新技術は東急から、といっても決して過言ではない。

オールステンレスカー、セミステンレスカーともに東急が日本における元祖であり、鉄道車両にパワーエレクトロニクスを採用したのも東急だからである。

乗り心地の向上においても東急はいち早く空気バネ台車を採用した民鉄であり、大手民鉄の中でも京阪につぐ空気バネ台車の導入であった。（通勤車両以外では近鉄10000系旧ビスタカーがある）

試作としては西武鉄道も早くから空気バネを用いたが量産車に用いた最初は801系のクハ1801形に用いた住友FS-067、インダイレクトマウント台車からだ。実に1967年まで待つことになる。東急に遅れること7年であった。

東急の車両に共通していえることは、軽量化とメンテナンスフリー化である。どの形式をみても合理的な設計にその特徴を見い出すことができる。整合性がとれた設計だと換言してもよい。常に時代の一歩先を歩んでいることがわかる。

東急

7000系

5000系をベースに、18メートル車3両編成のワンマン運転仕様で池上線、東急多摩川線を走る。丸みを帯びたデザインが愛らしい。車体にはグリーン系の色が施されており、コーポレートカラーの赤は見られない。

軽量ステンレスに再現された玉電カラー

東急の鉄道線の中で池上線および東急多摩川線の２線は 18 メートル３扉車が走り、両線とも雪が谷大塚検車区に所属する車両である。7000 系を名乗る車両としては２代目にあたり、2007 年に登場した。

7000 系の基本走行性能は 5080 系に準じており、VVVF インバータ装置と SIV を一体化した点が 7000 系の特徴になっている。内外装ともに一新され、曲線的なやさしい前面形状は昔の玉川線 200 形を思いだす。側面は扉間に２枚の大窓が配置され、太めの間柱が安定感をあたえている。

前面形状は一歩間違えると鈍重になりやすいラウンディッシュカーブを上手に処理した。そのデザインはスピード感を強調した感じではない。

内装はクラシックモダンを基調に木目調の壁面に、座席はグリーンとブルーグリーンを対比させた２色違いがユニークで、全体を落ち着いたトーンでまとめている。

走行機器の心臓部にあたる VVVF インバータ装置は東芝製 SVF091-AO であり、２ステップの IGBT-VVVF で、インバータ容量は 896KVA × 2。周波数はマイナス 13 〜 170Hz、素子は 3300V 耐圧、最大制御可電流 1200A である。

主電動機出力は 190kw の三相交流誘導電動機で、これは 3000 系から採用しているもので、JRIS が定めた民鉄向け主電動機の標準仕様スペックとなっている。

VVVF インバータ装置と一体化した SIV はデュアルモード切り換え可能で、SIV 出力は 150KVA となる。

ブレーキ装置は HRDA-2R（全電気指令式電磁直通空気ブレーキ、電力回生ブレーキ連動）であり、全電気ブレーキ機能を有する。停止するまで電気ブレーキでおこなうことが可能だ。

駆動装置は TD カルダン（中実軸可とう板継手式）で、歯車比は 6.21。これは 3000 系以降に共通している。

台車はボルスタレス台車を使用しており、軸箱支持は軸梁式である。軸距は 2100 ミリ。車体の左右動抑止効果を向上させる目的から、空気バネ上面板の左右方向に傾斜を設けている。ブレーキは M 台車、T 台車ともにシングルユニットブレーキである。

パンタグラフはシングルアームで M 車に２基を搭載（中間電動車）、パンタグラフ上昇検知装置を採用しており、乗務員室モニターで、上昇確認ができる。

保安装置は重装備で、ATC、ATS、TASC を備える。

外装はグリーンとクリームのツートンでアクセントを付けた軽量ステンレス車で、かつての玉電カラーを再現した。

東急
6000系

5000系をベースに設計され、スタイリッシュな流線型のデザインが特徴。座席幅を従来よりも10ミリ広げ460ミリに、車いすスペースには2段手すりを設置するなどバリアフリー化が進んでいる。

大井町線の急行列車専用として登場

東急では混雑が激しい田園都市線の混雑緩和対策として、大井町線の改良を実施しバイパスルートに活用している。その大井町線の急行列車用に充当される車両が、この6000系であり、20メートル、4扉車体は8000系から続く大型車両である。

5000系グループと異なる車両デザインを採用し、新鮮さをアピールした。

前面に強い傾斜をつけた個性的な車両で、外装はオレンジ系のグラデーションに特徴があり、屋根をインディアンレッドに塗っている。大井町線急行には5000系などを投入してもよいが、あえて新車を造ったのも目新しさをアピールして乗客誘引効果を期待したのだろう。田園都市線からの乗客転移が望めれば、同線の二子玉川〜渋谷間の混雑軽減に有効であるからだ。

6000系の基本性能は5080系に準じており、編成は3M3T組成の6両編成である。M_1車のデハ6500形とM車のデハ6200形にVVVFインバータ装置を装備し、前者は1C4M×2群制御の東芝SVF065-A、後者は1C4M×1群制御の東芝SVF065-Bである。

インバータ周波数はマイナス12〜169㎐。1586KVA出力。3300V耐圧、最大制御可電流1200A。2ステップ、IGBT-VVVF。

主電動機は190kwの三相交流誘導電動機であり、定格回転数1825 rpm、最高回転数5072rpmである。

駆動装置はTDカルダンで、歯車比は6.21。台車はボルスタレス台車であり、軸箱支持方式は軸梁式である。

ブレーキ装置はHRDA-2R。デジタル指令、アナログ変換式の全電気指令式電磁直通空気ブレーキであり、電力回生ブレーキと連動している。電空協調演算機能を有しており、回生ブレーキを優先し、その効率を高めている。

SIV(低圧補助電源装置)は3300V-800AのIGBTインバータである。

この6000系の前面形状は、東京メトロ16000系にも引き継がれている。

個性が強い形状だけに、好き嫌いが分かれるのではないだろうか。

車内はアイボリーホワイトを基調とした内装で仕上げており、座席はオレンジ系。1人あたりの有効幅を5000系より10ミリ広げて460ミリとしている。

7000系と同期のデビューだが、その印象は対照的であり、7000系が大人し目のデザインであることに対して、6000系のアバンギャルドさが目立つ。

乗り心地そのものは5000系グループよりも良いが、デザインにクセがあるので、それをどうみるのか、むずかしいところである。

東急

5000系グループ

車体の軽量化により、使用電力量を従来の主力車両に比べて約40%削減するなど環境に配慮された車両。プラットホームとの段差を縮小し、一部のつり革を低くしバリアフリー化も図られた。

人と環境にやさしい車両

これには、5000系（田園都市線用）、5050系（東横線用）、5080系（目黒線用）がある。

界磁チョッパ制御の8000系グループの置き換え用および目黒線3000系の後継車両として、2002年5月に田園都市線に、2003年3月に目黒線に、そして2004年4月に東横線にそれぞれデビューした。

5000系グループの車体断面は台形をしており、これは側構体と屋根構体との結合を雨樋部分でおこなっているためである。従って側構えが若干ながら内側に傾斜している。

全体から受ける印象はキュービックスタイルといった感じで実寸法より、やや小さく見える。その前面形状は小田急4000系に影響を与えたと感じられ、テイルライトの処理に個性がでている。（小田急4000系は、その部分にヘッドライトがある）

5000系グループは低コストに徹しており、3000系に比較して製造費が約30パーセント抑えられている。また、軽量化を徹底したことで、走行電力消費量が8500系の約60パーセントで済み、省エネルギー効果が高い点に特徴がある。

東急は8000系以来、前面切妻構造に徹してきたが、3000系より変化があり、5000系グループでは、そのデザイン性を高めている。

このグループは社団法人日本鉄道車両工業会（JRIS）が定めた「通勤・近郊電車の標準仕様ガイドライン」に沿う計画であり、製造コストを削減した。

主電動機は190kwの三相交流誘導電動機で、JRIS標準仕様品。定格回転数1825rpm、最高回転数5072rpm、質量627kgである。

駆動装置はTDカルダン、歯車比6.21は全車共通でKD453 AMを使用する。

VVVFインバータ装置は、2ステップのIGBT-VVVFであり、5000系、5050系が日立製（VFI-HR2820B/DまたはVFI-HR1420H）で、3300V-600A。0～169Hz。

5080系が東芝製（SVF065A/B）で、3300V-1200A。マイナス12～169Hz。

台車はM台車がTS-1019A、T台車がTS-1020A。軸梁式軸箱支持のボルスタレス台車である。

ブレーキ装置はHRDA- 2R。CPはRWS20Aとなり静音化している。

5050系のサハ5576では新設計の車体となり「サスティナ」と名付けられ、次世代ステンレス車両に位置付けされており、レーザー溶接による水密性の向上、車内ロールバー設置による車体強度向上に、その特徴がある。

東急

3000系

目黒線と東京メトロ南北線・都営三田線との相互直通運転に向けて導入。環境、乗客をはじめ乗務員や検修係員の声を反映した設計になっており、東急初となる機器の設置やバリアフリー化が図られている。

東急初となる設備や機器を搭載

地下鉄南北線、三田線および埼玉高速鉄道との相互乗り入れを目的に、1999年にその第1編成が登場した。当初は8両編成を組み東横線に先行投入された。それまで切妻スタイルを8000系以来続けてきた東急だが、3000系では前頭部をFRP一体成形品による曲面構成とした点が斬新である。

側面外板はリブレスのステンレス平板を用いたダルフィニッシュとした東急で最初の形式であり、2000系まで続いたビード加工とは一線を画した。

また、クーラーも東急初の集中クーラーが採用されており、毎時42000kcalのもの（東芝RPU-11012H、日立HRB503-1）と毎時50000kcalのもの（三菱CU706、日立HRB504-1）の2種が用いられた。

VVVFインバータ装置は東芝SVF038-AO/BO、日立VFI-HR4820E/2420Eがあり、ともにIGBT-VVVFだが日立製が3ステップ、東芝製が2ステップという相違があるほか、インバータのシステム構成、素子容量などに違いがみられる。

主電動機は190kw、定格回転数1825rpm、最高回転数5072rpm、質量627kg。

駆動装置は2000系と同じく中実軸平行カルダンだが、タワミ板はCFRP製を用いたKD-453AMであり、歯車比87：14＝6.21へ変更している。

ブレーキ装置はHRDA-2Rとなり、2000系までのHRA-2Rと異なる。アナログ指令からデジタル指令、アナログ制御へ変更した。

台車は軸梁式軸箱支持を採用したボルスタレス台車となり、M台車がTS-1019、T台車がTS-1020である。

この3000系に採用した電装品、台車などその後に登場する新形式車にも継承されている。3000系の総両数は78両と少ないが、新時代へ向けて新しいステージを築いた車両である。

なお3003編成が量産第1編成であり、6両編成で登場。8両編成で登場した3001編成も6両編成に組みかえた。この編成がえでは3001編成から、3252、3202、3502を抜き、2次車として竣工した3401を組み入れ、3001編成から抜いた前記3両と2次車である3002、3402、3102を組んで3002編成とした。

3000系の外装は、レッドにネイビーブルーが加えられており、目黒線カラーとして後に登場する5080系に引き継がれている。内装はラベンダーをアクセントカラーにした点がユニークであった。

上／大井町線で現役で走行する8500系。下右／ 8500系を軽量化した8590系。下左／東急の主力車として大量に増備された8000系（運転終了）。

東急

8000系グループ

（8000系、8090系、8500系、8590系）

ラッシュ時の大量輸送に性能を発揮

1969年に製造が開始された東急初の20メートル4扉車である8000系は、初代7000系で採用されたオールステンレス車体を受け継ぎ、新玉川線（現在の田園都市線、渋谷～二子玉川間）への運用を考慮して計画された車両である。実際には同線へ投入されることになった車両は後述する8500系だが、その基本スペックを確立したのが8000系である。

従来、18メートル3扉車で運用してきた東急に単位輸送力向上をもたらした功績は大きい。

新玉川線が地下区間となることからA-A基準で設計されている。これは初代7000系に準じたものであり、初めてのことではない。

この8000系から車体前面を切妻とするが、8000系のような完全切妻とした車両は他社では相模鉄道、京成電鉄に見られる程度であり、8000系が登場した時代に限れば、めずらしかった。古くは西武451系、411系があるが、それらは旧性能車であり新車とは言い難い。多くの民鉄が当時において前面を折妻か丸妻としていた。

これは8000系がオールステンレス車であることと深く関係がある。

ステンレス鋼にR加工するには多くの手間を要し、製造コストを押し上げてしまうからだ。

初代7000系、7200系は切妻ではないがR加工なしで仕上げている。

セミステンレス車で見ると5200系、初代6000系の前面上部にR加工があるが、非常に手間を要したと思われる。同様の例は営団3000系にも見られるほかオールステンレス車では南海6001系などの例がある。こうした一種の装飾性を廃することでコストを抑え点に8000系以降、2000系まで続く東急スタイルがある。

8000系、8500系には営団5000系に共通する設計コンセプトを感じるが、それはデザイン重視ではなく簡潔な車体構造として設計の主眼を単位輸送力の向上に置いたことである。登場した当時の時代背景が反映されており、それは右肩上がりの混雑率だ。

こうした中で8000系は、その後民鉄車両のスタンダードとして普及することになる界磁チョッパ制御を世界で初めて採用。また全電気指令式電磁直通空気ブレーキをマスコンと一体化したワンハンドコントローラーで操作する新しいシステムを実用化した。

それまでのHSCブレーキとくらべ応荷性が向上したことで、ブレーキ性能が向上している。

このHRD空御は広く採用されることになり、その後改良を加えながら現在に至る。

さらに低圧補助電源装置には、それまでのMGにかえてSIVを用いるなど、機器の静止形化と電子化が見られるのも8000系の特徴になっている。

ゼロアンペア制御それ自体は以前からあるが、それをサイリスタチョッパでおこなうのが界磁チョッパ制御であり、可変界磁抵抗器なる機械装置を電子化した。こうした多くの試みが8000系に織り込まれた。これらは8000系グループに共通している。

8000系は界磁チョッパ制御のため主回路は抵抗制御であり、電動カム軸式主制御器が用いられている。日立製MMC-HTR-20A/Cがそれで、これの改良型として制御段数を増したF型も採用されている。1C8Mだが1C4Mとしても使用された例もある。この場合は2ノッチでカム軸が直列最終段になるため、8個モーター制御車は強制的に3ノッチへ進段させることで並列段とする。4個モーター制御車は直列最終段から界磁弱めへと入る。電力回生は並直列渡りになるが4個モーター制御車は直列段回生のみとなるため、時速45キロ付近で回生が失効する。8個モーター制御車は時速45キロで並直列渡り、時速25キロ付近で回生失効となる。主電動機は130KWの直流複巻電動機であり、日立、東芝、東洋共同設計のTKM‐69型およびC種絶縁として軽量となったTKM-80型が使用されており、駆動装置は初代7000系以来、実績を積んだ中空軸平行カルダンで、歯車比は85：16＝5.31：1である。

8000系のマイナーチェンジ車両が登場

8000系が実際に活躍した路線は東横線、大井町線であり、新玉川線は8000系の改良型である8500系が投入された。

8500系は地下鉄半蔵門線乗り入れ仕様車であり、CS-ATCなどの保安装置を搭載する関係で乗務員室を拡張。運客仕切り壁が客室側へ張り出すとともに高運転台化したことから前面窓が8000系より小さくなった。また前面に赤帯が付くなどマイナーチェンジしている。最終的には10両編成での運行となるため、8000系にはないMc車が登場した。デハ8500形、デハ8600形がそれである。地下鉄線内での走行条件を充足するには、8M2T組成となるため、サハ8900形を2両編成に組み入れており、3号車と8号車をサハとした。編成両端はデハとなっている。

8500系は8000系6次車にあたり、その第1編成が登場したのは1975年2月である。当初は東横線でも運用されたが、現在は田園都市線で活躍し本来の使命を果たしている。

東急では初代7000系以来オールステンレス車を造り続けてきたが、さらなる軽量化を求めて初代デハ8400形（後に8200形へ編入）を、3次元構造解析を有限要素法に基づくコンピューターシミュレーションでおこない、軽量ステンレス車として完成させた。1978年に登場し、8027F、8029Fに組み込んでいた。2.1トンの軽量化を達成したその車体は側面下部をR3000で絞り、屋根をR7000とした点に特徴が見られる。この初代デハ8400形で確立した技術を量産型へ反映して製造したのが8090系であり、1980年12月に登場した。

車体は床面より屋根方向へ1.75度、床下方向へ7.93度傾斜しており、ホームと車体との間隔を小さくしている点がデハ8400形（初代）との変更点である。

9000系

2000系

1000系

上／副都心線乗り入れまで東横線を走っていた。右下／日比谷線乗り入れ用として導入。現在は池上線、東急多摩川線に転用されている。左下／半蔵門線乗り入れ用として導入。

東急

9000系グループ

(9000系、1000系、2000系)

VVVFインバータ制御車、量産車で初登場

ここでは切妻スタイルのVVVFインバータ制御車である9000系、2000系、1000系を9000系グループとして記す。

9000系はVVVFインバータ制御車として初の量産車であるとともに、ボルスタレス台車でデビューした最初の形式でもある。

車体は8090系で量産された軽量ステンレス車体だが、側構えが垂直となった直ボデー車であり、8090系、8590系と異なりRボデーではない。側板はビード加工されており、この点は初期軽量ステンレス車と同じである。

前面を左右非対称とした点が特徴で、9000系グループに共通するデザインとなっている。9000系の登場は1986年であるから、1500V車両としてはVVVFインバータ制御がまだ、ようやく創世紀を脱しようとしていた頃であった。

プロトタイプをふくめると初代6000系改造のVVVFインバータ制御車があるが、量産車に限ると9000系が東急におけるVVVFインバータ制御車のはじまりである。

この頃はVVVFインバータ装置の素子容量の関係で、GTOサイリスタでも1C4M構成となっていた。9000系の同装置は日立製のVF-HR107で、インバータ容量は1430KVA、周波数0～157Hz、素子容量は4500V耐圧、最大制御可電流2000Aである。2ステップのGTO-VVVFインバータ装置で、V/F一定スベリ制御であるなど現在では、ややクラシックな内容となってしまった。非同期モード領域が狭いため磁歪音が目立つ。マイクロプロセッサの演算速度の関係、アルゴリズムなどからインバータ出力が低い領域でしか非同期→同期変換ができなかった。

9000系の主電動機は170kwの三相交流誘導電動機で、定格回転数1630rpm、最高回転数4500rpmだが試験時に4710rpmを記録している。

駆動装置は中空軸平行カルダン（KD423AM）であり、歯車比は85：14（6.07）である。台車は軸バネ式ペデスタルのTS-1004（M台車）、TS-1005（T台車）で前記のとおりボルスタレス台車を装着する。

9000系をベースに、これを18メートル車体、3扉にしたものが1000系であり1988年に登場した。元来は地下鉄日比谷線乗り入れ車として設計した形式である。

前面は9000系に共通するが方向幕、種別幕、運番表示幕部分をブラックアウトとして変化を持たせての登場であった。また側扉間は3連ユニット窓になっている。

VVVFインバータ装置、主電動機は東洋電機製である。1000系は1C8M制御で登場し、主制御装置は東洋ATR-H8130-RG621-A、主電動機は出力130kwの三相交流誘導電動機（TKM－88）であり、VVVFインバータ装置は4500V-3000Aの2ステップGTO-VVVFである。インバータ周波数はマイナス7～160Hz。主電動機定格回転数は1380rpm、最高回転数は4950rpm。

歯車比は6.07で9000系と同じである（KD423AM。中空軸平行カルダン）。台車の基本構造は9000系に揃えているが、全高を9000系より50ミリ低くするための変更でM台車がTS-1006、T台車がTS-1007になった。

地下鉄日比谷線への乗り入れ廃止で、1000系は3連で池上線、東急多摩川線で使用されており、変化がみられる。

デハ1600形はデハ1500形とユニットを組む1C8M制御だが、デハ1200形、デハ1310形は1C4M制御である。1C4M用は東洋ATR-H4130-RG636AM、主制御装置でありRCGTOとなっている。これは逆導通GTOのことであり、その特徴は1枚のウエハーに逆方向のダイオードを複合させた点にあり、ダイオードを隣接構成していない。

なお1012編成、1013編成は前面非常扉が中央にあるため異色の存在といえよう。1000系においてVVVFインバータ制御の1C8M方式が採用されたが、この方式を20メートル4扉車に用いたものが、1992年に田園都市線に登場した2000系である。2000系のVVVFインバータ装置は日立製のVFG-HR1820Dで、インバータは4500V-3600Aであり、周波数は0～183Hzの2ステップ方式のGTO-VVVFである。

主電動機は170kwで9000系と同出力だが特性が異なり、定格回転数が1860rpm、最高回転数が6640rpmと高回転特性を有する。このため歯車比が変更され99：14（7.07）と大きい。

また駆動装置も中実軸平行カルダンのKD436AMへ変更された。この方式はWNドライブにおけるギアカップリングを、タワミ板に置き換えたものであり、中空軸式にくらべて機構が簡潔である。狭軌台車への装架が難しかったが、交流主電動機の採用で可能になった。交流機はブラシとコンミテータが無いので直流機にくらべて省スペースというのが、その理由である。

台車はボルスタレスのTS-1010（M台車）、TS-1011（T台車）であり、軸箱支持方式が従来の軸箱守式から積層ゴム式へ変更されている。6M4T編成で田園都市線系統に使用されているが、東武鉄道へは乗り入れない。

鉄道車両に新時代を確立

ここでは9000系グループとしてカテゴライズしたが、9000系、1000系、2000系に共通するものとしてHRAブレーキがある。この方式は営団（東京メトロ）が多用しているが、他は東急にみられる程度であり、その特徴は電制（回生ブレーキなど）との協調性にすぐれている点にある。ブレーキ指令を電圧または電流のアナログ信号でおこなう点が、デジタル指令のHRDとの相違点であり、アナログのため基本的にはステップレス指令である。乗務員の操作性を考慮してブレーキ設定器にステップを設けているにすぎない。このHRA方式のよさと、HRD方式の保安度の高さを組み合わせたものがHRDA方式である。東急では8000系グループがHRD、9000系グループがHRA、そして3000系からHRDA方式となった。なお非常制動（EB）段は常時加圧でOFFとしているので、電源が切れて無加圧になるとEBが作動するフェールセーフとなっている。

9000系グループはボルスタレス台車、VVVFインバータ制御、軽量ステンレス車体をその特徴としており、鉄道車両に新時代を確立したグループといえよう。

東急
7700系

初のオールステンレスカー 7000系の車体のみを再利用し、改造された車両。台車、運転台、制御装置などが取り換えられ、9000系に準じた内装が施され、池上線と東急多摩川線に導入されている。

日本初のオールステンレス車体

7700系は初代7000系をVVVFインバータ制御車に改造した車両であり、その車体は日本初のオールステンレス車体として登場した記念すべき存在である。

従来、更新車といえば車体を新製して載せ換え、台車、主電動機、主制御器などを再使用することが一般的であった。これは鋼製車体の寿命が、下まわり機器にくらべて短いことに起因している。しかしオールステンレス車体の寿命は半永久的であるため、下まわり機器のほうが早く劣化するという「上下」逆転現象が表れた。とくに初代7000系はアメリカのAAR基準に基づいて製造されており、その車体強度が格段に高い。昨今のオールステンレスカーの比ではないのである。

まさにアメリカ直輸入の技術で造られた。

東急車輛製造初のライセンス生産であり、バッド社の技術で初代7000系は誕生した。1987年に初代7000系の改造に着手し、同時にクーラーを取り付けた。

VVVFインバータ装置はGTOで、すべて東洋電機製である。ATR-H4170-RG617AM。4500V-2500Aであり、1C4M方式とした。2ステップインバータである。

主電動機は出力170kwのTKM-86を用い、台車はM台車がTS-832、T台車がTS-835で、ともに軸バネ式ペデスタルのダイレクトマウント空気バネ台車である。ブレーキはHRDA-2Rとなり、ワンハンドル化した。

なお歯車比は85：14（6.07）のKD423AMである。

台車交換により乗り心地が変化しており、7000系当時に使用していたTS－701パイオニア台車にみられたエアサス特有のフワフワ感がなくなった。同じ空気バネ台車といっても、その変化は大きい。

2015年4月現在における7700系の在籍両数は24両にまで減少しており、先に7600系が消滅したことから考えて、7700系も近々全廃になると思われる。

8000系（オリジナル車）が姿を消して久しいが、そうした中で初代7000系をルーツとする7700系が最後まで東急に残ったことは、初代オールステンレス車の威光とでもいえようか。

この車両こそが現在の東急の「原点」なのであり、また同時に日本におけるステンレスカーの礎なのである。

ライセンス生産ではあるが、Made in U.S.Aといった印象が強い車両といえよう。

東急
300系

世田谷線のバリアフリー化と冷房化を目的に製造された車両。省エネルギーと保守の省力化、低騒音が図られた。導入にともない電停も嵩上げ、段差をなくした。10編成が導入され、それぞれ塗装が異なる。

世田谷線の近代化を達成

世田谷線に使用される車両であり、東急唯一の軌道線車両である。

1999年7月に登場し、2001年2月に全車が、この300系となった。

車体はセミステンレス製で、車体長は11990ミリの2両連接構造となっている。

形式は下高井戸方がデハ300A形、三軒茶屋方がデハ300B形である。

制御装置はA形に搭載しており、IGBT-VVVF、1700V-500Aの、三菱MAP-064-60V82を使用。東急にはめずらしい三菱電機製である。

周波数は0～110Hz、インバータ容量229KVA。主電動機は出力60kwのTKM-300、定格回転数1600rpmの三相交流誘導電動機である。駆動装置は中実軸平行カルダンで歯車比は67：11（6.90）。台車はデハ70形、デハ80形からの流用品であり、M台車がTS-332。T台車がTS-332Tである。枕バネは金属バネであり空気バネではない。

ブレーキはHRDA-2Rで、ワンハンドル式を採用した。力行4段、制動7段である。

世田谷線は全線が新設軌道（専用軌道）なので、いわゆる路面電車ではないが、雰囲気的にはトラムウェイといった感じが強い。

この300系の登場で、それまでの旧態依然としていた世田谷線の近代化が達成された。旧形車とくらべて1両あたり約4トンの軽量化ができ、またクーラーを備えたことでサービス面での進歩が見られる。さらにホームを嵩上げしたことでステップレスとなり、バリアフリー化が実現した点も大きい。

307編成以降は当初よりステップレスで登場している。

世田谷線は都営荒川線とともに都内で生き残った軌道線だが、それはあくまでも専用軌道だからである。一部の間で待望論があるLRT（LRV）と混同してはならない。

特に世田谷線は全区間が専用軌道であり、法的分類上は軌道線だが、その実質は鉄道線として機能している。つまり世田谷線はLRT（LRV）とは全く別種の輸送機関である。300系のような車両が、もしも併用軌道上を走行したら間違いなく自動車交通を阻害してしまう。

思い出の名車
旧5000系

▲「青カエル」の愛称で親しまれてきた旧5000系。現在は渋谷駅ハチ公口に展示されている。

通勤用車両近代化のお手本

戦後とくに1950年代の日本における鉄道車両技術は民鉄を中心に大きく進歩を遂げた。

それを要約すると車両の軽量化と、分離駆動方式いわゆるカルダンドライブの採用である。さらに多段式カム軸主制御器の発達があり、これらが三位一体となって高性能車が登場している。

そうした中で、あえて歴史に残る画期的な車両をあげると、特急車両では1957年登場の小田急3000形SE車、通勤車両では1954年登場の東急5000系(初代)である。この両者に共通するキーワードとして徹底した車両軽量化がある。

東急5000系の構体(車体)はモノコック構造を採用した点が斬新で、従来の角張った車体ではなく旅客機の機体のような丸みを帯びた形状に、その特徴がある。

これは航空機技術者が戦後になってから鉄道車両界に参入した事で導入した技術であり、軽量設計に応用したものである。

軽くて丈夫な車両を登場させた。

従来の車両(東急3800形)と比較すると約30パーセント軽量化している。

5000系の車体はライトグリーンのワンピースで登場し、このカラーリングは後に若干トーンを変更しているがステンレスカーを除く東急全車に採用した。

台車は下揺れ枕を省略したインダイレクトマウント台車(TS-301)で、枕バネはオイルダンパ並列の金属コイルバネである。

機械ブレーキはM台車、T台車ともに片押し式。発電制動連動の自動空気ブレーキ、AMCDとなっている。

駆動装置は直角カルダンであり歯車比は5.78。主電動機出力110kw、定格引張力2720キログラム、定格速度時速56.9キロである。

主制御器は1C4Mであり、力行26段(直列12段、並列11段、弱め界磁3段)、電制20段のPE11を装備する。

主抵抗器は重量軽減を考慮し、単位発熱量を大きくしたので強制風冷となった。当初はシロッコファンによる吸い出し風冷であったが、プロペラファンによる押し出し風冷に変更した。

登場時はMc+T+Mcの3連であったが、後にTc、Mが造られており6連を最長としている。形式はMcがデハ5000形、Tがサハ5050(サハ5350形へ改番変更)、Tcがクハ5150形、Mがデハ5100形である。

5000系はM_1+M_2ユニットではなく、1M方式のため編成自由度が高い。

車内は側壁がライトグレイ、座席がワインレッドというインテリアで、当初は車内灯にルーバーが付いていたが、後に撤去した。

5000系の走行音は静かで、歴代車両の中でも未だ、これを越える車両はない。

台車も金属枕バネにしては乗り心地がよいといえよう。

構造上仕方がない事だが車体下部のR400は側扉にも付いており、ラッシュ時にRの上に乗客が乗ると、その扉が開扉しないという事もあった。これをわざとやって乗客を乗せない=混雑度を上げないよう工夫?をした人もいる。

この車体下部のRについては、あえて承知のうえで軽量化を優先したのだろう。

記憶に残る車両

5000系の営業デビューは1954年10月15日に東横線で開始され、ラストランは1986年6月18日であった。走行した線区は新玉川線(当時)、池上線を除く鉄道線全線である。

譲渡先は長野電鉄、福島交通、上田交通、岳南鉄道、松本電鉄など多い。

この東急5000系(初代)は通勤用車両近代化の第1号と言っても過言ではなく、後に登場する車両のお手本といえるだろう。

相鉄5000形など、東急5000系をベースにして製造された。あのボデーマウント車体は東急5000系のモノコック車体に影響されたものと思われる。

直角カルダン駆動を最初に用いた車両は東武5700系(モハ5720形)であったが、トラブル続きで結局は、ツリカケ駆動へ改造したが、東急5000系では目立ったトラブルもなく使用された。なお東急と東武の直角カルダン駆動はともに東芝であることに対して相鉄は日立、小田急(2200形)は三菱と主電動機などのメーカーが相違する。

この直角カルダン駆動は、すぐに平行カルダン駆動に取って代わることになるが、相鉄1社だけがその後も直角カルダン駆動を採用した民鉄として知られている。

東急では6000系(初代)という変わり種(1台車、1個モーター)を少数製造したあと、7000系(初代)から中空軸平行カルダン駆動へ移行した。

5000系のブレーキ装置がAMCDだと前記したが、この点がやや古典的でありHSCを採用しなかった。

おそらくブレーキメーカーに由来するものと思われる。東急がHSCを採用したのは6000系からだ。何事にも先端技術の導入に熱心な東急だが、HSCの採用は早くなかった。後年、8000系、7000系などと混走するようになると、5000系のランカーブ(運転曲線)がダイヤ作成上にネックとなったが、これはおもにブレーキ性能が原因であったと思われる。AMCDはHSCと比較するとブレーキ応答性が低いからだ。

こうした欠点もあったが、5000系は画期的な車両として記憶に残る名車といえよう。

東急と伊豆急行

五島父子に愛された伊豆半島

伊東と伊豆急下田を結ぶ伊豆急行は東急傘下の鉄道として知られ、昭和 36 年 12 月 10 日に開業以来、伊豆半島の動脈として多くの観光客や地元の人たちに愛されてきた。

JR の特急列車も乗り入れる路線としてもよく知られ、また伊豆急 2100 系がリゾート踊り子として JR へ乗り入れている。

熱海〜伊豆急行下田間は、あたかも伊豆急の路線として機能しており、大半の列車が直通運行している。

伊豆急 2100 系のうち JR へ特急リゾート踊り子として直通運行するのは、R４編成「黒船電車リゾート21EX」と、R5 編成の「アルファ・リゾート 21」であり、直通運行時には、５号車としてサロ 2180 形が連結される。サロ 2182 は星空と港町夜景が、サロ 2191 は海中散歩が天井にディスプレイされ、トンネルが多い伊豆急線内でも乗客の目をたのしませてくれる。

車内も２列－１列のアブレストでゆとりがあるグリーン車だ。

また、R3 編成は「リゾートドルフィン」として伊豆急オリジナル塗装の、ハワイアンブルーとオーシャングリーンが美しい。

伊豆急開業時の 100 系（クモハ 103）がイベント用として営業に復帰するなど、バラエティーに富む。

伊豆半島の観光開発は東急が熱心に取り組んでいるが、伊豆急はその中心に据えられており、鉄道輸送のほか多くの関連事業を実施している。伊豆高原などでの別荘地開発、下田・白浜でのホテル経営、伊豆急下田での商業施設＝サンプラーザなど多岐にわたる。

東急としても伊東でのホテルハーヴェスト伊東（東急不動産）、伊豆今井浜東急ホテル、下田東急ホテル（共に東急ホテルズ）などをラインナップしており、総力を結集する。

この伊豆半島の自然は五島父子二代にわたって愛された。

五島昇東急会長は特に海洋レジャーが好きな人で、下田では漁協の会員になり近海での釣りをたのしんでいたが、下田周辺の海は一般人には禁漁区になっているため、漁協の会員でないと釣りができないからだ。

船をチャーターして釣りをしており、釣り仲間に日産自動車元社長の石原俊がいた。

下田東急ホテルは昭和 37 年に開業したリゾートホテルで、鍋田、大浦湾を望む丘の上に建ち、素晴しい眺めである。

このホテルの常連客の中に伊藤忠商事の元社長、瀬島龍三がいた。私も偶然ロビーで会い、よく話し込んだ思い出がある。彼はこのホテルに来ると、心が安らぐとよく言っていたが私も全く同感である。

レストラン「フェニックス」で食するシーフードは逸品中の逸品だ。中でも伊勢海老料理は忘れ難い。

私は、この下田東急ホテルと賢島の志摩観光ホテルのレストラン「ラメール」が日本一のシーフードを供するレストランだと思っている。冬の伊勢海老、夏のアワビは特におすすめだ。

伊豆は気候も温暖で湯量豊富、食材に恵まれているので、観光地として申し分ない。

東京から２時間余りと近いのも魅力だ。

その昔は東京から国鉄（JR）157 系特急「あまぎ」を利用して、毎週末に足を運んでいた。157 系が引退後は 183 系ではおもしろくないので（185 系はなおさら）新幹線で熱海へゆき、伊豆急 100 系をたのしんだ。100 系に連結された ROYAL BOX は印象に残る。どことなくクロ 157 形の雰囲気があった。

伊豆急は幼児の時からよく乗っていたので、なつかしい。あのハワイアンブルーとオーシャングリーンの車体は美しい極みである。

リゾートドルフィン 2100 系に復活してうれしく思う。

伊豆急の主力車両は元東急の 8000 系だが、車内を改装しているので観光列車に生まれ変わった。東急線内を走っていた頃をなつかしく思い出す。

その昔、夏期応援輸送で東急（初代）7000 系が伊豆急線を走ったが、伊豆急にはステンレスカーが案外よく似合う。

デビュー当時の 100 系がスパーギアの音をたてて走っていたが、あの音も東急（初代）6000 系とそっくりだった。100 系の前面もまた東急（初代）6000 系によく似ていた。伊豆急はまさに東急の分身である。

▲伊豆半島の東側沿岸を沿って走る伊豆急行。伊豆急2100系のリゾート21はそれぞれテーマを持った3編成があり、そのひとつ全国でも珍しい黒い塗装の列車は、下田に来航した黒船をテーマにしたものだ。

東急の略歴

▲旧田園調布駅舎と並木道。宅地開発とともに歩んだ東急の原点だ。

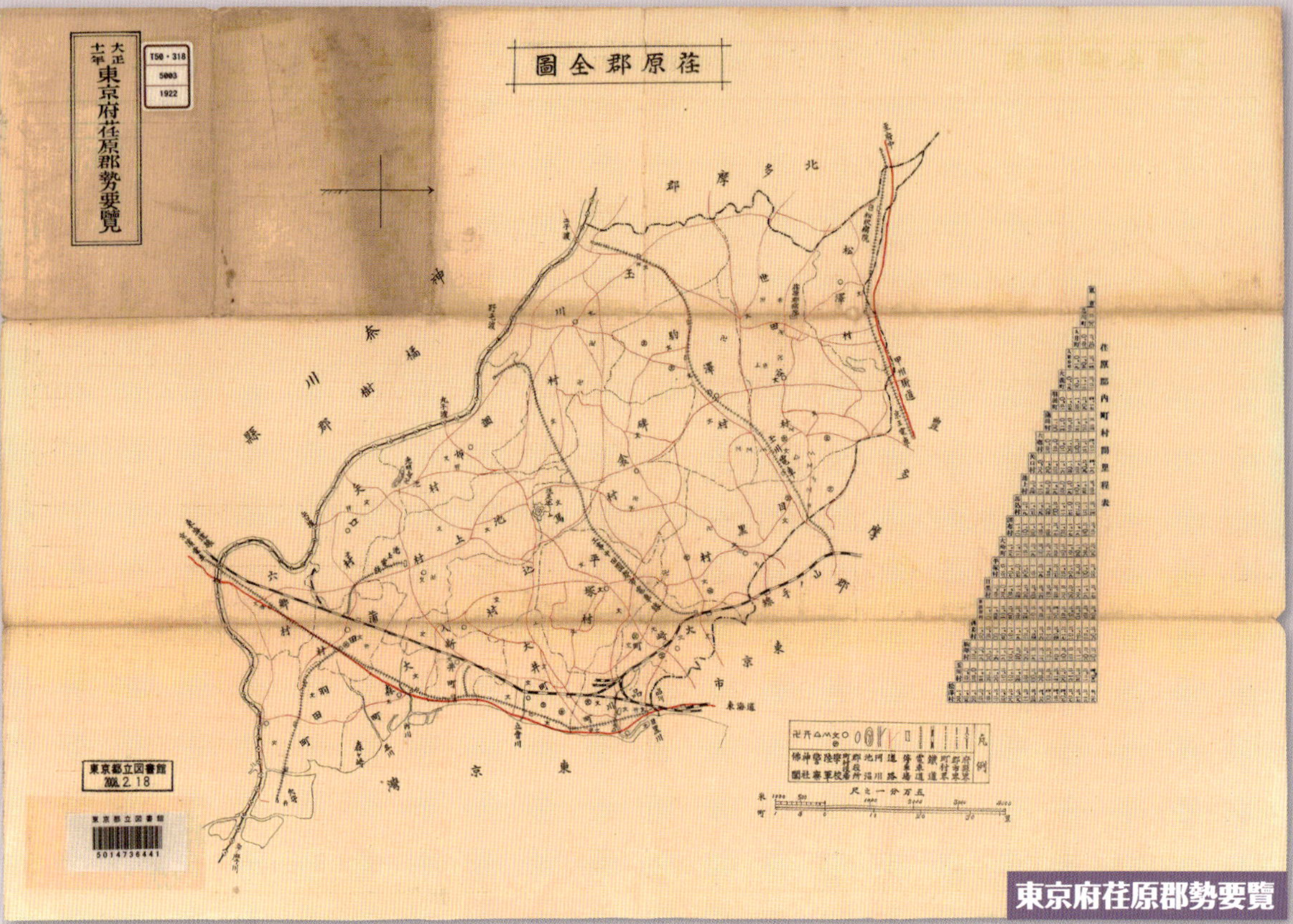

東京府荏原郡勢要覧

▲荏原郡(現在の品川区、目黒区、大田区および世田谷区の一部)の1922年郡勢要覧に描かれた東急。(東京都立図書館蔵)

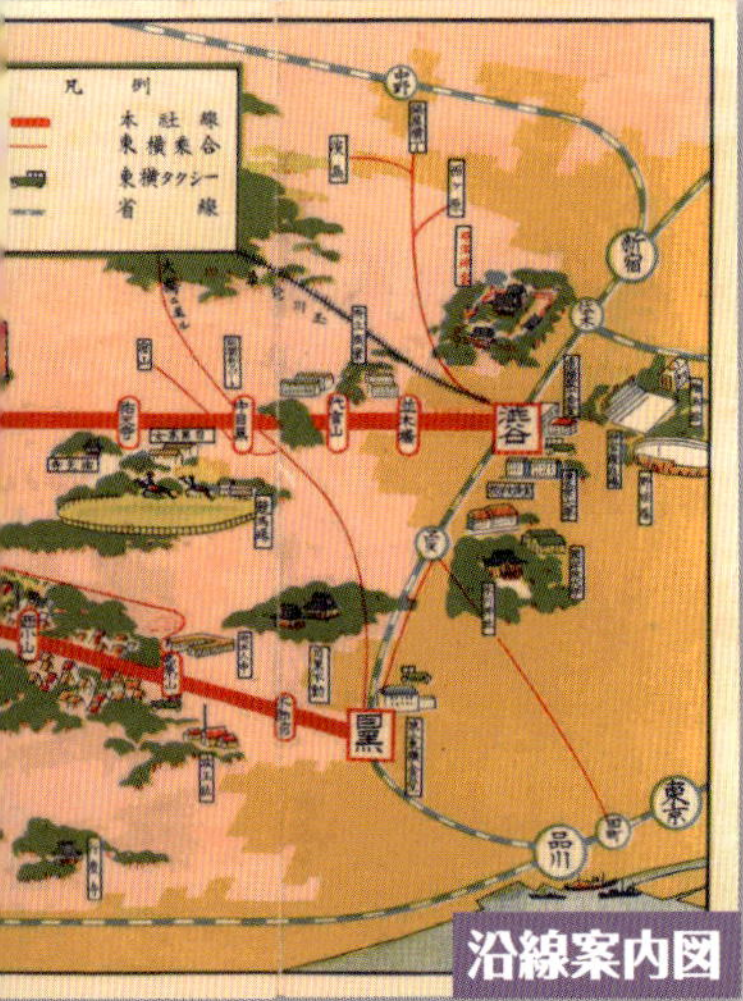

沿線案内図

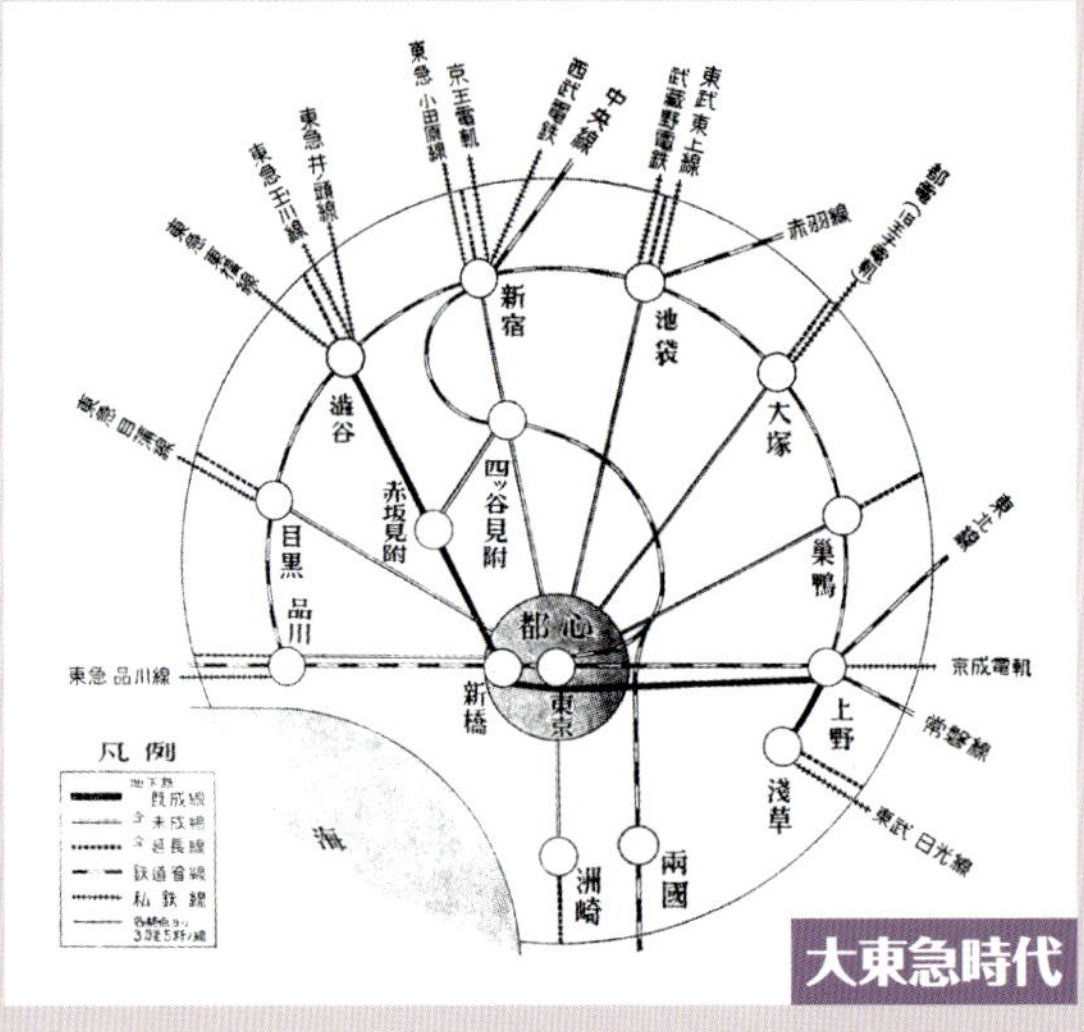

大東急時代

◀1943年に東京急行電鉄から発行された「決戦下の陸上輸送対策」には小田急、京浜急行に東急の文字が書かれている。(国会図書館蔵)

合併で拡大していった路線

東京急行電鉄（以下、東急）の歴史は東京城南地域で宅地開発を手掛けた田園都市株式会社に遡る。同社は日本資本主義の父といわれた渋沢栄一を中心として1918年9月2日に設立された不動産会社であり、同年1月に設立の荏原電気鉄道を合併したのち、1922年9月2日に目黒蒲田電鉄を設立した。

この目黒蒲田電鉄が1928年5月5日に田園都市を合併、その経営者として登場したのが五島慶太である。

彼は、これとは別に1910年6月22日に設立された武蔵電気鉄道の経営を委ねられており、同社は1924年10月25日に東京横浜電鉄へ商号変更のうえ、1938年4月1日に玉川電気鉄道を合併した。

一方の目黒蒲田電鉄は1934年10月1日に池上電気鉄道を合併。さらに同社は1939年10月1日に東京横浜電鉄を合併し、同年同月16日に商号を東京横浜電鉄へ改称した。存続会社は目黒蒲田電鉄だが新商号として東京横浜電鉄を名乗ったことになる。

この（新）東京横浜電鉄が1942

▲東急の事実上の創業者である五島慶太。(国会図書館蔵)

▲東急の母体となる田園都市株式会社を創設した渋沢栄一。(国会図書館蔵)

▼1930年頃の東京横浜電鉄（共同刊行／目黒蒲田電鉄）の沿線案内図。田園調布や洗足をはじめ沿線では住宅地開発を盛んに行っていることがわかる。(東京都立図書館蔵)

年5月1日に京浜電気鉄道、小田急電鉄を合併し商号を東京急行電鉄へ改称。同社は1944年5月31日に京王電気軌道を合併した。

いわゆる大東急の成立である。これらの合併は戦時体制下における鉄道輸送力の確保、合理的で無駄のない民鉄経営を目的としたものであり、大いに機能した。戦時体制下での車両、資材、人材の融通が円滑に実施できたからだ。

終戦を迎え、世の中が徐々に平静を取り戻しはじめた1948年6月1日に、前記戦時下体制を解き、合併した3社を分離独立させることとし、小田急電鉄、京浜急行電鉄、京王帝都電鉄が設立された。

その1ケ月前に当たる5月1日に百貨店部門が東横百貨店として独立している。

近年においては1991年10月1日にバス事業を東急バス株式会社を設立して電鉄本体から独立させた。

東急電鉄のあゆみ

1922（大正11）	9.2	目黒蒲田電鉄（東京急行電鉄の前身）創立
1923（大正12）	11.1	目黒～蒲田間開業
1924（大正13）	10.25	東京横浜電鉄発足
1928（昭和3）	5.5	田園都市株式会社を合併
1929（昭和4）	12.25	大井町線大井町～二子玉川間が全線開通
1932（昭和7）	3.31	東京横浜電鉄東横線渋谷～桜木町間が全線開通
1934（昭和9）	10.1	池上電気鉄道を合併
	11.1	東横百貨店（現・東急百貨店）開業
1938（昭和13）	4.1	東京横浜鉄道が玉川電気鉄道を合併
1939（昭和14）	10.1	東京横浜電鉄を合併
	10.16	東京横浜電鉄に商号変更
1942（昭和17）	5.1	京浜電気鉄道、小田急電鉄を合併、東京急行電鉄発足
1944（昭和19）	5.31	京王電気軌道（現・京王電鉄）を合併
1948（昭和23）	5.1	東横百貨店を分離
	6.1	京王帝都電鉄、小田急電鉄、京浜急行電鉄を分離
1953（昭和28）	1.19	城西南地区（現・東急多摩田園都市）開発構想を発表
1956（昭和31）	12.1	東急文化会館開業
1959（昭和34）	4.11	伊東下田電気鉄道（現・伊豆急）設立
1961（昭和36）	3.1	伊東～伊豆急下田間開業
1963（昭和38）	6	東京ヒルトン開業
1964（昭和39）	8.29	東横線と帝都高速度交通営団（現・東京メトロ）日比谷線が相互直通運転を開始
1966（昭和41）	4.1	田園都市線溝の口～長津田間開業
1967（昭和42）	4.28	こどもの国線長津田～こどもの国間開業
	11.1	東急百貨店本店開業
1968（昭和43）	4.1	田園都市線長津田～つくし野間開業
	6.1	東急ホテルチェーン設立
1969（昭和44）	5.10	玉川線（渋谷～二子玉川園間）と砧線（二子玉川園～砧本村間）廃止。玉川線（三軒茶屋～下高井戸間）を世田谷線に名称変更。
1972（昭和47）	4.1	田園都市線つくし野～すずかけ台間開業
1976（昭和51）	10.15	田園都市線すずかけ台～つきみ野間開業
1977（昭和52）	4.7	新玉川線渋谷～二子玉川園間開業
1978（昭和53）	11.16	新玉川線が営団半蔵門線と直通運転開始
1979（昭和54）	8.12	田園都市線～新玉川線～営団半蔵門線が全列車直通運転開始
1983（昭和58）	12.31	東急ホテルチェーン（現・東急ホテルズ）とヒルトンインターナショナルの契約終了
1984（昭和59）	1.1	東急ホテルチェーンが旧東京ヒルトンをキャピトル東急ホテルとして営業開始
	4.9	つきみ野～中央林間間開業し、田園都市線が全線開通
1989（平成元）	9.3	複合文化施設「Bunkamura」を開業
1991（平成3）	5.21	東急バス設立
2000（平成12）	4.7	渋谷マークシティ開業
	8.6	目蒲線を、多摩川駅を境に目黒線と東急多摩川線に分割。新玉川線を田園都市線に改称
	9.26	目黒線と営団南北線・東京都交通局三田線との相互直通運転開始
2001（平成13）	3.28	目黒線が埼玉高速鉄道と相互直通運転開始
2003（平成15）	3.19	田園都市線が営団半蔵門線を介し、東武伊勢崎線・日光線と相互直通運転開始
2004（平成16）	1.31	東横線横浜～桜木町間廃止
	2.1	横浜高速鉄道みなとみらい線開業、東横線が相互直通運転開始
2006（平成18）	11.30	キャピトル東急ホテル営業終了
2008（平成20）	6.22	目黒線が日吉駅まで延伸
2009（平成21）	7.11	大井町線が溝の口駅まで延伸
2010（平成22）	10.22	ザ・キャピトルホテル東急開業
2011（平成23）	3.19	「二子玉川ライズ・ショッピングセンター」開業
2012（平成24）	7.18	「渋谷ヒカリエ」グランドオープン
2013（平成25）	3.16	東横線渋谷～代官山間を地下化し、東京メトロ副都心線と相互直通運転開始と同時に、東武東上線・西武有楽町線・池袋線との相互直通運転も開始
2014（平成26）	7.31	渋谷駅街区開発計画I期（東棟）」が着工